Imme von Wedel

Die Kinder aus der Himmelgeister Straße

Vom Hühnerstall nach New York

Mit Illustrationen
von Sabine Marie Körfgen

Verlag Murken-Altrogge

Inhalt

Oda
Lotti
Lea
Louis

Lisa
Richard
Marie
Leopold

Ein Tag wie (fast) jeder andere

Was war das nur für eine verrückte Reise im vergangenen Sommer gewesen, dachte Louisa, als sie vom Schreibtisch aus in den Regen verhangenen Garten hinausschaute. Und nichts Besonderes war seitdem mehr passiert!

Inzwischen war sie zehn Jahre alt geworden. Ihre Schwester Marie zwölf und ihr kleiner Bruder Leopold, genannt Leo, war mittlerweile sechseinhalb Jahre alt. Zusammen waren sie ein ganz schön cleveres Gespann wenn es galt, einem Geheimnis auf die Spur zu kommen.

Angefangen hatte das letzte Abenteuer mit einer alten Truhe, welche die drei Geschwister auf dem Dachboden ihres Elternhauses entdeckt hatten. Darin befanden sich zu ihrer großen Überraschung Briefe von ihrer Ur-Urgroßtante Agnes aus Schweden sowie eine Schatzkarte. In aller Heimlichkeit und ziemlich mühsam hatten sie die schwedischen Briefe mit Hilfe des Internets übersetzt. Nach und nach konnten sie so herausfinden, dass ihre Ur-Urgroßtante vor vielen Jahren auf der Suche nach ihrer Schwester Alva gewesen war. Mit diesen Briefen hatte Agnes es doch tatsächlich geschafft, ihre Nachkommen zu einem Schatz in Frankreich zu führen.

So kam es, dass die drei ihre Eltern im letzten Sommerurlaub in Frankreich geschickt zu der Stelle gelotst hatten, wo sich der Schatz befinden sollte. Dort fanden sie tatsächlich mithilfe ihres Hundes Lotti eine alte Metallkiste, gefüllt mit ganz vielen unterschiedlichen Münzen und dem Tagebuch von Alva.

Zu dem Zeitpunkt konnten die Geschwister noch nicht wissen, dass der Inhalt des Tagebuches für sie bald eine noch weit aufregendere Reise mit sich bringen würde.

In den folgenden Wochen und Monaten dachten sie zwar immer wieder an das Buch, aber letztlich fanden sie nie die Zeit oder auch nur den Mut, sich die Sache einmal näher anzuschauen. Irgendwie war ihnen bei dem Gedanken auch ein wenig unheimlich zumute. „Wer weiß, was für ein düsteres Geheimnis sich hier womöglich verbarg? Und wo war das Tagebuch seit der Reise überhaupt geblieben? Dem müssen wir jetzt unbedingt nachgehen“, dachte Louisa, die eigentlich gerade dabei war, ihre Hausaufgaben zu machen. Aber dafür hatte sie jetzt keine Zeit mehr. „So geht es ja nicht weiter! Nachdem wir uns alle so viel Mühe gemacht und tatsächlich auch etwas gefunden haben, trauen wir uns jetzt noch nicht einmal, dieses Buch zu lesen!“

Voller Tatendrang erhob sich Louisa von ihrem Stuhl, packte ihre Schulsachen weg und überlegte, ob sie nicht jetzt gleich das Tagebuch suchen sollte, bevor Marie und Leopold von der Schule heimkommen würden. Da sprang Lotti an ihr hoch und riss sie aus ihren Gedanken. Sie tätschelte ihr den Kopf: „Ja ja, Lotti, ich gehe gleich mit dir spazieren, das wird uns beiden bestimmt guttun." Als sie wieder nach draußen blickte sah sie, dass die Wolken sich langsam verzogen hatten und die Sonne zum Vorschein kam.

Sie sagte noch kurz ihrem Vater Richard Bescheid, dass sie mit Lotti eine Runde spazieren gehen würde und nahm die Leine vom Haken. Aufgrund der Corona-Pandemie musste Richard immer noch weitgehend zu Hause arbeiten. Als sie ihren Vater da so am Schreibtisch sitzen sah, fragte sie sich, ob Corona jemals wieder aus ihrem Leben verschwinden würde. Sie wusste gar nicht mehr, wie die Zeit vor dieser sich alles verändernden Seuche war. Ihre Mutter versuchte sie dann immer zu trösten. Aber irgendwie klang es dennoch nicht besonders ermutigend.

Nachdenklich leinte sie den Hund an und ging mit der freudig wedelnden Lotti nach draußen. Louisa beobachtete immer noch gedankenverloren die Menschen, die auf der Straße liefen und fragte sich, worüber diese wohl so nachdachten. „Über Corona? Über die Arbeit? Über ihre Kinder?“ Sie sah viele ältere Menschen und einige Mütter, die ihre Babys im Kinderwagen vor sich herschoben. „Komisch“, dachte sie, „am Anfang, wenn man auf die Welt kommt, wird man geschoben und am Ende, wenn man sehr alt ist und nicht mehr laufen kann, wird man auch wieder geschoben, nur dass es dann nicht mehr der Kinderwagen, sondern der Rollstuhl ist.“

Während sie so ihren Gedanken nachging, schnüffelte Lotti aufgeregt an einer Bulldogge herum. Diese drehte ihr aber den Rücken zu und ging erhobenen Hauptes von Lotti weg. Ihr Hund schaute der Bulldogge wehmütig hinterher. „Nicht traurig sein Lotti, manchmal passt es eben nicht, so ist das bei Menschen auch.“ Beschwichtigend streichelte sie ihren Hund und machte sich mit ihm wieder auf den Rückweg.

Ungeduldig stand Louisa im Wohnzimmer und blickte auf ihre Uhr. „Noch eine halbe Stunde, dann würde Marie nach Hause kommen.“ Ihre Schwester war ein wahrer Sonnenschein. Immer fröhlich sah sie nur die guten Dinge um sich herum. Zudem war sie mit ihren 12 Jahren schon ziemlich erwachsen, fand Louisa.

Als Marie zur Tür hereinkam stürmte Louisa direkt auf sie zu. „Marie! Gut, dass du da bist. Wir müssen unbedingt etwas besprechen!“ Ihre Schwester schaute sie verdutzt an. „Lass mich doch erstmal verschnaufen, Lulu, und außerdem habe ich einen riesigen Hunger.“ „Ich stell dir das Essen schonmal auf den Tisch“, erwiderte Louisa beflissen, „dann geht es schneller“. Marie nickte verwundert. Das war ein äußerst seltenes Angebot, welches sie sich nicht entgehen lassen wollte. Sie folgte ihrer Schwester in die Küche, die bereits dabei war, ihr den noch warmen Kartoffelauflauf zu servieren. Marie zwinkerte ihr zu. „Na, das muss aber sehr wichtig sein, was du mit mir bereden willst! Worum geht es denn? Hast du was ausgefressen?“, fragte Marie, während sie sich über den Teller hermachte. „Das Tagebuch!“, stammelte Louisa nervös. „Welches Tagebuch?“ „Na, das von der Schwester unserer Ur-Urgroßtante Agnes, also von Alva.“ Marie fiel die Gabel aus der Hand und landete mit einem lauten Klirren auf dem Boden. „Oh, das meinst du!“ „Ja, genau das!“ „Und was hast du damit angestellt?“, fragte Marie und sah aus den Augenwinkeln, wie Lotti auf die Gabel zuschoss. Noch bevor der Hund diese erreichen konnte, hob Marie die Gabel schnell wieder vom Boden auf und Lotti machte mit dem Kopf eine Vollbremsung gegen Maries Stuhlbein. Lotti schaute sie bedröppelt an. „Oh Lotti“, kicherte Marie belustigt.

„Ich habe gar nichts angestellt!“, erklärte Louisa und nahm

Lotti zum Trost auf ihren Schoß. „Aber wir müssen uns das Buch unbedingt mal anschauen. Wir haben uns doch so angestrengt, es zu finden, und jetzt lassen wir das Tagebuch einfach so links liegen. Das geht doch nicht!“ Ihre Schwester nickte zustimmend. „Schon, aber ich glaube wir brauchten nach dieser ganzen Aufregung damals erst einmal ein bisschen Ruhe. Und dann waren da wieder die Schule, der Sport und die ganzen anderen Hobbys und Pflichten, da vergisst man so etwas einfach. Doch du hast recht! Heute habe ich allerdings noch sehr viel zu tun. Aber morgen ist ja schon Freitag, da können wir uns dann gerne zusammensetzen und uns das geheimnisvolle Buch von Alva anschauen.“

Louisa lächelte. „Prima! Heute wäre mir zwar lieber gewesen, aber bis morgen schaffe ich es jetzt auch noch zu warten. Dann müssen wir nur noch Leo von unserem Plan erzählen. Den dürfen wir nicht außen vorlassen.“ „Hast du deine Hausaufgaben eigentlich schon gemacht?“ Louisa seufzte. „Leider nein, wir haben heute ganz schön viele Aufgaben auf und ich bin noch nicht ganz fertig geworden. Ich geh sie mal holen, sie liegen oben in meinem Zimmer.“

Nachdem Marie ihren Teller weggeräumt und ihre Schultasche geholt hatte, setzte sie sich zu Louisa an den

Küchentisch, um mit ihr zusammen die Hausaufgaben zu machen. Nach einiger Zeit kam ihre Mutter aus dem Arbeitszimmer, um den beiden mitzuteilen, dass sie jetzt Leo aus der Schule abholen würde. Doch Marie und Louisa waren so vertieft in ihre Aufgaben, dass sie gar nicht mitbekamen, was Lisa ihnen gesagt hatte.

Eine Viertelstunde später hörten sie mit voller Wucht die Haustür knallen. Marie erschrak und verdrehte genervt die Augen. „Leo ist da!" „Ja, unseren Bruder kann man einfach nicht überhören. Er hat eine ganz besondere Art, die Tür zu schließen", bestätigte Louisa grinsend.

Sie stand auf und erklärte ihrer Mutter, dass sie fertig mit den Schulsachen sei und gerne rüber zu ihrer Freundin Alice gehen möchte. Diese wohnte gleich gegenüber und die beiden waren schon seit dem Kindergarten miteinander befreundet. Lisa schaute erst zu Louisa und dann auf die vollgeschriebenen Schulhefte auf dem Küchentisch, bevor sie ihr okay gab.

Leopold fand das gar nicht toll, hatte er sich doch so gefreut, mit Louisa zu spielen. „Voll gemein!", schimpfte er. „Jetzt komme ich gerade aus der Schule und du verschwindest wieder." Dann blickte er hoffnungsvoll zu Marie. „Wollen wir gleich etwas zusammen machen?" Diese nickte gnädig.

„Wir können etwas basteln Leo, aber ich bin mit meinen Aufgaben noch nicht ganz fertig und muss nachher auch noch zur Akrobatik-AG in die Schule." „Na gut!", seufzte dieser. „Besser als nichts."

Louisa wollte gerade gehen, als sie Lotti mit der Leine im Maul vor der Haustür stehen sah. „Mama!", rief sie. „Ich glaube Lotti möchte schon wieder spazieren gehen." „Dann geh doch bitte eine Runde mit ihr raus, Marie ist ja erst viel später aus der Schule gekommen als du." „Ich war aber vorhin schon mit Lotti draußen", protestierte diese. „Ach so, das wusste ich nicht, dann muss Lotti eben bis heute Abend warten." Wie auf Kommando ließ Lotti die Leine aus ihrem Maul plumpsen und schlich mit hängenden Ohren zu ihrem Körbchen. Marie, die Lotti vom Küchentisch aus beobachtete, musste lachen. „Lotti du bist mir eine! Jetzt sei doch nicht so beleidigt, immerhin kannst du dich doch auch im Garten austoben." Lotti aber vergrub die Schnauze unter ihren Pfoten und blieb reglos zusammengekringelt in ihrem Körbchen liegen. Für sie war der Tag gelaufen.

„Komm, Leo!", sagte Marie aufmunternd. „Ich habe eine bessere Idee, das Wetter ist so schön geworden, die restlichen Hausaufgaben können erstmal warten. Lass uns rausgehen. Ich nehme die Rollschuhe und du fährst mit dem

Fahrrad, dann können wir auch Lotti mitnehmen.“ Leopold nickte erfreut und ging zur Garage um sein Fahrrad zu holen.

Unterwegs erzählte Marie Leopold von Louisas Plan, nämlich, dass sie sich das Tagebuch von Alva endlich genauer anschauen wollten. Ihr kleiner Bruder fand die Idee natürlich super, denn er liebte Geheimnisse und Detektivgeschichten noch mehr. „Ich bin dabei!“, erwiderte er begeistert. Marie sah ihn mahnend an. „Aber bis zum Wochenende musst du dich schon noch etwas gedulden“, bremste sie seinen Tatendrang. „Vorher haben Louisa und ich leider keine Zeit.“ Dann runzelte sie nachdenklich die Stirn. „Ich weiß auch gar nicht, wo Mama und Papa das Tagebuch aufbewahren.“ „Ich habe da so eine Ahnung wo es sein könnte“, murmelte Leopold und lächelte verschmitzt.

Marie machte große Augen. „Echt jetzt?“ Ihr Bruder nickte und sah sie triumphierend an. „Papa hat es im Wohnzimmer in das Bücherregal zu den Fotoalben gestellt.“ Marie umarmte ihren Bruder anerkennend. „Das ist ja super, dann haben wir das ja schon einmal geklärt und dafür lade ich dich jetzt zu einem Eis ein.“ Leopold strahlte übers ganze Gesicht.

An der Eisdiele war ihr Bruder nicht gerade bescheiden und bestellte sich, noch bevor Marie überhaupt reagieren konnte, ein großes Spaghetti-Eis. „Oh, Leo, muss das so ein riesiges Eis sein?“, entfuhr es ihr. Aber Leopold zuckte nur mit den Schultern und nahm sein Eis erwartungsvoll entgegen. „So ein dreister Bengel“, dachte Marie, aber da Leopolds Eis wirklich köstlich aussah, bestellte sie sich auch eins. „Ha!“, machte dieser. „Da kannst du dich jetzt wirklich nicht über mich beschweren.“ „Ach, Leo, du bist echt ein dreister, kleiner Kerl.“

Wieder zu Hause ging Leopold in seinem Zimmer spielen, und Marie setzte sich erneut an ihre Hausaufgaben. Sie fand, dass das mittlerweile wirklich eine ganze Menge war. „Das haben die Lehrer ganz geschickt angestellt. Am Anfang haben sie kaum Hausaufgaben aufgegeben, aber irgendwie wurde es dann schleichend immer mehr, ganz so als sollten die Schüler es bloß nicht bemerken. Na ja, bringt leider nichts, ist ja nicht verboten, also muss ich sie wohl oder übel zu Ende machen.“

Kurze Zeit später rief Lisa von oben herunter und riss sie abrupt aus ihren Gedanken: „Marie, du weißt, dass du gleich noch Akrobatik-AG hast, oder?“ „Ups“, murmelte diese und schaute mit Schrecken auf ihre Uhr. „Ja, klar!“, rief sie betont locker zurück. In Windeseile erledigte sie die restlichen Hausaufgaben und packte ihre Turnsachen in die Sporttasche. „Ich bin dann mal weg!“, sagte sie und flitzte aus der Haustür hinaus.

Marie wollte gerade zum Bus rennen, als sie Louisa und Alice auf der gegenüberliegenden Seite der Himmelgeister Straße stehen sah. Sie beobachtete, wie die beiden sich mit besorgter Miene zu etwas, was auf dem Bürgersteig lag, hinunterbeugten. Ohne zu zögern ging Marie zu ihnen. „Was ist los?“, fragte sie. Ihre Schwester trat einen Schritt zur Seite und deutete mit einem Finger Richtung Boden. Marie erkannte mit Schrecken, dass es ihre Katze Lea war, die dort reglos vor ihnen auf dem Boden lag. „Oh nein!“, schrie sie. „Ist sie tot?“ „Nein!“, erwiderte Alice. „Sie atmet noch.“ „Wir müssen sie zum Tierarzt bringen!“, rief Louisa panisch und blickte besorgt auf die Katze, die nur noch ganz flach atmete. Marie sah auf die Uhr. „Mist, jetzt verpasse ich auch noch den Bus!“ Louisa schaute sie entgeistert an. „Ist das dein Ernst? Das hier ist ja wohl ein Notfall! Wir müssen doch deine Katze retten.“ Marie nickte. „So war das auch nicht gemeint, ich komme nur so oft zu spät zum Training.“ Louisa hat recht, wir müssen sie schnellstmöglich zum Tierarzt bringen. Alice, habt ihr einen Karton, wo wir sie reinlegen können?“ „Ja, meine

Eltern sind zwar nicht da, aber ich weiß, wo einer sein könnte." Kurze Zeit später kam sie mit einem Umzugskarton zurück. „Ja, der müsste wohl reichen", sagte Marie knapp. Behutsam legte sie ihre Katze in den Karton. „Oh je, sie tut mir so leid. Ich hoffe sie stirbt nicht", wimmerte Louisa. Marie schaute sie mit ernster Miene an. „So etwas darfst du gar nicht erst denken, Lulu. Wir gehen jetzt schnell zum Tierarzt in unserer Straße."

Marie nahm beherzt den sperrigen Karton mitsamt der Katze darin und ging mit großen Schritten vorneweg zum Tierarzt. Alice drückte Louisa auf dem Weg dorthin ganz fest die Hand. „Ich weiß gar nicht, wie Marie es immer schafft so einen klaren Kopf zu behalten", flüsterte sie zu Alice. „Das ist doch gut so", erwiderte sie, „wir dürfen keine Zeit verlieren, denn eurer Katze muss jetzt schnell geholfen werden."

Dr. Hasenberg, der Arzt dem die Tiere vertrauen

Beim Tierarzt angekommen, stellten sie beunruhigt fest, dass bereits eine ganze Reihe von Leuten mit ihren Tieren im Wartezimmer saß. Louisa sah sich um und bemerkte aus den Augenwinkeln ein weißes Kaninchen, welches wohl unter Haarausfall litt. Das glaubte sie zumindest, weil es überall rosarote Stellen am Körper hatte. Dann war da noch ein kleiner Hund mit einem Verband um die Pfote und daneben eine Katze mit einem riesigen Schirm um den Hals. Sie fragte sich, warum diese eine Satellitenschüssel um den Hals tragen musste.

„Oh nein!“, rief Marie mit Blick in das volle Wartezimmer und riss Louisa abrupt aus ihren Gedanken. „So viel Zeit haben wir nicht. Lea kann doch nicht warten.“ Da fing Louisa auf einmal lauthals an zu schluchzen. „Wird Lea jetzt sterben?“ Die Leute im Wartezimmer sahen erschreckt von ihren Stühlen zu den drei verzweifelten Kindern mit dem riesigen Karton auf.

Der Tierarzt kam aus seinem Behandlungszimmer, um nachzusehen, warum plötzlich so ein Lärm in seiner Praxis herrschte. Er guckte zu den drei verängstigt blickenden Mädchen. „Was ist passiert?“, fragte er mit besorgter Miene. Louisa brachte keinen Ton heraus. Marie erklärte: „Unsere Katze Lea lag wie tot auf dem Bürgersteig. Meine Schwester und ihre Freundin haben sie gefunden. Vielleicht ist sie von einem Auto angefahren worden.“ „Dann kommt mal sofort mit mir in das Untersuchungszimmer“, sagte der Tierarzt, ohne zu zögern und deutete mit seinem Arm den Flur entlang. Marie hievte den Karton auf den Untersuchungstisch.

Louisa las den Namen des Tierarztes, der auf seinem Kittel deutlich lesbar war: *Dr. Hasenberg*. „Das ist ein echt lustiger Name“, dachte sie und machte sich zugleich Hoffnung, dass das wohl ein gutes Zeichen sei. „Denn, wenn man schon Hasenberg heißt und dazu auch noch ein Doktor ist, dann kennt man sich bestimmt gut mit Tieren aus.“ Der Tierarzt schaute in den großen Karton, anschließend hob er Lea vorsichtig auf den Tisch und untersuchte sie gründlich. Dann blickte er zu ihnen auf: „Die gute Nachricht ist, dass eure Katze lebt, die schlechte ist, dass sie wohl eine Vergiftung hat.“ „Warum sollte denn jemand unsere Katze vergiften?“, fragte Louisa mit zitternder Stimme. „Ich glaube nicht, dass jemand extra eure Katze vergiften wollte, sondern eher, dass sie Rattengift gefressen hat“, erklärte Dr. Hasenberg. „Wie schrecklich!“, murmelte Marie.

Er nickte verständnisvoll. „Seht mal, sie hat einen vergrößerten Bauchumfang, Schaum um ihr Maul und sie atmet ganz flach. Das sind alles typische Symptome einer Vergiftung.“ „Wieso hat sie überhaupt Rattengift gefressen? Schmeckt das so gut?“, fragte Louisa entsetzt. Sie war jetzt kreidebleich im Gesicht. Der Tierarzt schüttelte den Kopf. „Nein, ich denke jemand hat das Gift ausgelegt, um Ratten loszuwerden. Wahrscheinlich hat eine Ratte oder auch eine Maus dann das Gift gefressen und eure Katze wiederum hat dann diese Ratte oder Maus gefressen.“ „Warum ist das denn überhaupt erlaubt, wenn das so ein gefährliches Gift ist?“, fragte Marie verärgert. Der Tierarzt zuckte mit den Schultern. „Das kann ich euch so auf die Schnelle auch nicht beantworten.“

„Wird sie sterben?“, stammelte Louisa in einem nervösen Flüsterton. „Nein“, sagte Dr. Hasenberg. „Ich denke nicht. Es sieht so aus, als wärt ihr gerade noch rechtzeitig zu mir gekommen. Ein paar Minuten später und ich hätte ihr nicht mehr helfen können. Ich werde ihr jetzt ein Mittel zum Erbrechen verabreichen und ihr anschließend eine Infusion anlegen.“

Louisa schaute ihn entsetzt an, während ihre Freundin sie immer noch fest stützte. „Warum soll sie jetzt auch noch erbrechen? Leidet sie nicht schon genug?“ Der Tierarzt lächelte sie milde an. „Nein, das mache ich nicht um sie zu quälen, sondern damit das ganze Gift, welches in ihrem Körper ist, wieder herauskommen kann. Es darf nicht in ihr bleiben.“ Louisa wurde bei dem Gedanken ganz schwer ums Herz, aber es machte irgendwie Sinn. „Und was ist eine Infusion?“, fragte Marie interessiert. „Sie bekommt damit über das Blut Flüssigkeit zugeführt, das wird ihr helfen, schneller wieder gesund zu werden.“ Während er dies alles den Mädchen erklärte, verabreichte er Lea schon das Medikament und bereitete die Infusion vor. „Sie muss jetzt erstmal hierbleiben, ich kümmere mich um sie und rufe euch an, wenn ihr sie wieder abholen könnt. Ihr seid doch die Familie Lundberg mit den vielen Tieren, oder?“ Marie nickte. „Alles klar, dann schreibt mir doch bitte trotzdem noch sicherheitshalber an der Anmeldung eure Telefonnummer und euren Namen, sowie den Namen der Katze auf.“ „Mache ich“, sagte Marie und ging sogleich nach vorne zur Anmeldung. Alice zerrte an Louisas Pullover. „Komm schon Lulu, hier ist sie im Moment am besten aufgehoben.“ Louisa zitterte immer noch am ganzen Körper. Sie fragte sich die ganze Zeit, wie so etwas Schreckliches nur passieren konnte.

Als sie draußen vor der Tür des Tierarztes standen, sagte Marie zu den beiden Mädchen: „Das habt ihr wirklich toll gemacht. Lea hat euch ihr Leben zu verdanken. Ich muss leider noch zum Training, auch wenn ich jetzt schon wieder viel zu spät komme. Lulu, geh nach Hause zu Mama und erzähl ihr alles, was passiert ist.“ Sie fügte noch hinzu: „Und bringe es Leo bitte schonend bei. Mama kann dann gleich mal bei Dr. Hasenberg anrufen und fragen, wie es Lea mittlerweile geht. Ihr könnt mich immer auf meinem Handy erreichen, falls etwas sein sollte.“ Louisa reagierte nicht und schaute nur traurig auf den Boden. „Ich kümmere mich um Lulu, lauf du nur zum Bus, Marie“, sagte Alice. „Danke!“, erwiderte diese erleichtert und sprintete los.

Gedankenkarussell

Louisa war kaum im Stande, mit ihrem Schlüssel die Haustür aufzuschließen. Also half Alice ihr und klingelte, zupackend wie sie war, einfach Sturm. Völlig abgehetzt und genervt riss Lisa die Tür auf. „Lulu ich habe dir doch gesagt…“, schimpfte sie, unterbrach sich jedoch plötzlich, als sie mit Schrecken ihre völlig in sich zusammengesunkene Tochter vor sich sah. „Was ist passiert?“, fragte Lisa beunruhigt und blickte dabei zu Alice. „Ähm, also, ähm…“, begann diese unsicher. Da Lisa merkte, dass die beiden sehr unter Stress standen, schickte sie die beiden ins Haus. „So Mädels, jetzt kommt erstmal rein und ich mache euch einen Kakao. Dann könnt ihr mir alles in Ruhe erzählen.“ Schweigend gingen sie in die Küche, wobei Alice Louisa am Arm hinter sich herziehen musste.

Während Lisa den beiden das heiße Getränk zubereitete, wandte sie sich wieder an die beiden Mädchen. „So, nun erklärt mir doch bitte, was um Himmels willen passiert ist!“ „Also, wir haben draußen beim Spielen eine Katze auf dem Bürgersteig der Himmelgeister Straße entdeckt“, erklärte Alice. „Okay und was ist daran so besonders?“ „Na ja, sie lag ganz ruhig da und atmete kaum noch. Und als wir näher zu ihr hingegangen sind, haben wir gesehen, dass es sich um Lea handelte." „Oh nein!", rief Lisa entgeistert und schlug sich dabei mit der flachen Hand auf den Mund. „Was ist mit ihr?", brachte sie stockend hervor, als Leopold plötzlich in die Küche kam. „Was ist denn das für ein Lärm hier unten?"

Aber Alice fuhr unbeirrt fort: „Es geht ihr den Umständen entsprechend gut. Marie kam zufällig vorbei und hat uns geholfen, Lea direkt zu Dr. Hasenberg zu bringen." „Und wo ist sie jetzt?", flüsterte Lisa unsicher. „Sie ist immer noch beim Tierarzt. Dieser hat gesagt, dass sie vermutlich Rattengift gefressen hätte, wohl durch eine vergiftete Ratte oder Maus und dass wir gerade noch rechtzeitig gekommen wären." Lisa fiel ein Stein vom Herzen. „Da bin ich aber froh, dass ihr so besonnen reagiert habt." „Kannst du mal bei Dr. Hasenberg anrufen?", piepste Louisa kaum hörbar.

Leopold, der alles mitangehört hatte, sah plötzlich ganz besorgt aus. „Ja, bitte Mama, du musst unbedingt fragen, wie es Lea geht." Ohne zu zögern ging Lisa zum Telefon und wählte die Nummer vom Tierarzt. „Guten Tag Herr Dr. Hasenberg, Lundberg hier. Die Kinder haben mir erzählt was passiert ist. Wie geht es Lea?" „Hallo Frau Lundberg, Ihrer Katze geht es den Umständen entsprechend gut. Sie ist wieder auf dem Weg der Besserung und wird es überstehen, aber sie muss sich noch etwas ausruhen. Ich denke, Sie können Sie heute Abend gegen 19.00 Uhr bei mir in der Praxis abholen kommen." „Oh, das sind ja gute Neuigkeiten. Haben Sie vielen Dank", sagte Lisa und wischte sich mit der Hand über die Stirn. „Das ist mein Job, Frau Lundberg! Hätten Ihre Kinder nicht so schnell reagiert, hätte ich für Ihre Katze nichts mehr tun können."

Lisa erzählte den Kindern von den guten Neuigkeiten, die vor Aufregung mucksmäuschenstill waren. Louisa war so erleichtert, dass sie rasch wieder die Fassung erlangte. „Mama, du solltest Marie eine Nachricht schreiben, dass es Lea gut geht. Sie ist noch zum Training gefahren und macht sich bestimmt wahnsinnig große Sorgen um Lea." „Ja, das mache ich gleich!"

„Ich muss jetzt auch mal wieder rüber, denn meine Eltern sind bestimmt schon zu Hause und wundern sich, wo ich bleibe“, sagte Alice. Louisa sah sie nachdenklich an. „Danke, dass du mir heute so zur Seite gestanden hast.“ „Klar, ist doch Ehrensache. Melde dich heute Abend und sag mir, wie es Lea geht.“ Louisa nickte und brachte ihre Freundin zur Tür. Anschließend ging sie in ihr Zimmer, denn sie brauchte jetzt Ruhe und Zeit, um über alles nachzudenken. „Warum Lea?“, ging es ihr durch den Kopf. „Warum wurde sie so bestraft? Und waren durch das Rattengift nicht auch andere Tiere gefährdet wie die Hunde und Katzen aus der Nachbarschaft? Denn, wenn es Lea getroffen hatte, dann könnte das doch auch allen anderen Tieren passieren, die die kleinen Nager fressen.“

Sie saß auf der Fensterbank in ihrem Zimmer und der Gedanke ließ ihr einfach keine Ruhe mehr. Sie mussten die anderen Tierhalter warnen. „Leo!“, rief sie ihren Bruder, der nebenan in seinem Zimmer spielte. Du musst mir bei etwas helfen.“ Nur Sekunden später steckte Leopold neugierig den Kopf in Louisas Tür. „Bist du dabei?“, fragte sie hoffnungsvoll. „Kommt darauf an bei was!“ Louisa schaute ihren Bruder mit ernster Miene an. „Wir müssen die Menschen warnen!“ „Wovor?“, fragte er verwundert und hob dabei eine Augenbraue hoch. „Na, vor dem

Rattengift! Wenn hier jemand einfach Gift ausgelegt hat und Lea es gefressen hat, kann es doch genauso gut sein, dass auch der Dackel von Frau Meyer nebenan oder irgendein anderer Hund oder eine andere Katze aus der Nachbarschaft das Zeug fressen." „Hmm", Leopold kratzte sich am Kopf, „da ist was dran. Und wie willst du das anstellen?" „Mit Flugblättern!", erwiderte Louisa. „Flugblätter?", fragte er verwirrt. „Na Zettel, wo draufsteht, dass die Leute wegen dem Rattengift besser auf ihre Haustiere aufpassen sollen. Wir werfen sie in die Briefkästen der Nachbarschaft, so dass alle Bescheid wissen." Leopold zuckte, wenig beeindruckt von dem Plan seiner Schwester, mit den Schultern. „Wir können es ja mal versuchen."

Louisa setzte sich an den Schreibtisch und drückte den Startknopf auf ihrem Computer. Diesen hatte Omi Christina ihr für das Homeschooling während des Lockdowns geschenkt.

Sie öffnete ein Schreibprogramm und tippte folgende Zeilen:

Vorsicht!

Passen sie auf ihre Haustiere auf!

Es wurde Rattengift in der Gegend verteilt und unsere Katze wäre fast daran gestorben!

Zufrieden las sie es Leopold vor. „Okay“, sagte dieser „und wie viele davon willst du ausdrucken?“ „Auf jeden Fall für die ganzen Bewohner der Himmelgeister Straße und für die Kinderhauser Straße und vielleicht noch für den Storchenweg.“ Sie hörten unten die Haustür zufallen. „Das muss Marie sein!“, rief Louisa erwartungsvoll. Geschwind rannte sie nach unten und kam kurze Zeit später mit einer völlig aus der Puste geratenen Schwester wieder nach oben. „Ich war so froh, als Mama mir geschrieben hat, es gehe Lea wieder besser“, sagte Marie zu ihren Geschwistern. „Oh ja, nicht auszudenken, was mit ihr hätte passieren können. Und deshalb haben Leo und ich etwas vorbereitet.“ Louisa zeigte mit dem Finger auf ein Blatt. „Guck mal, was wir gemacht haben“, sagte Louisa und drückte ihrer Schwester den Flyer in die Hand!“ Marie ließ sich erschöpft auf Louisas Schreibtischstuhl fallen und las den Text.

„Das ist eine gute Idee, kleine Schwester, aber wie willst du die Blätter unter die Leute bringen?“ „Ich wollte sie für unsere Straße und für die beiden Nachbarstraßen ausdrucken und dann in den Briefkästen verteilen“, erklärte Louisa stolz. „Oh, das werden dann aber viele Blätter. Und alles mit Mamas Drucker?“ „Ja“, antwortete Louisa, „das müssten für unsere Straße so 30 Stück sein und für die anderen beiden würde ich auch so viele nehmen, also…“, sie überlegte schnell, „so an die 90 Kopien“. Sie beugte sich vor Marie und gab unter der Rubrik „Kopien“ auf ihrem Computer die Zahl 90 ein.

Gerade als sie auf Drucken klicken wollte, rief Marie: „Halt! Stopp! Lass mich noch etwas im Text verändern. *Vorsicht* würde ich etwas größer und dicker schreiben, dann fällt es direkt mehr auf und ich kopiere noch ein Bild von Lea auf den Flyer.“ Louisa nickte und als Marie fertig war betätigte sie die Drucktaste. Leopold schüttelte bedenklich den Kopf. „Oh je, wie Mama das wohl finden wird, wenn nachher sowohl ihr Papier als auch die Druckerpatronen leer sind.“ Nachdem sie zweimal neues Papier einlegen mussten und der Drucker schon anfing leicht verbrannt zu riechen, waren sie fertig.

Vorsicht!

Passen sie auf ihre Haustiere auf!

Es wurde Rattengift in der Gegend verteilt und unsere Katze wäre fast daran gestorben!

Anschließend machten sie sich direkt auf den Weg. Louisa nahm Leopold mit, um mit ihm zu zweit den Storchenweg und die Kinderhauser Straße zu übernehmen, Marie sollte nur die Himmelgeister Straße, in der sie wohnten, ablaufen, da sie noch fix und fertig vom Tag war.

Als Louisa und Leopold wieder zu Hause ankamen, war Marie schon da. Sie gingen zusammen ins Wohnzimmer, wo ihre Mutter gerade telefonierte. „Pssst", zischte Marie und legte den Zeigefinger auf ihren Mund. Mama telefoniert gerade mit Dr. Hasenberg wegen Lea. „Ist was mit ihr?", fragte Louisa besorgt. „Nein, nicht das ich wüsste", antwortete Marie. „Sie möchte sich nur vergewissern, ob sie Lea jetzt wirklich gleich abholen kann." „Ist es schon so spät?", wunderte sich Louisa. „Ja, wir haben schon zehn vor sieben. Papa holt gerade Pizza. Er meinte nach dem Schock heute könnten wir das gut gebrauchen.“

Als ihre Mutter aufgelegt hatte, schauten alle drei Lisa hoffnungsvoll an. „Und, kannst du Lea abholen?“, wollte Marie wissen. Lisa nickte. „Lea geht es mittlerweile erstaunlich gut! Sie ist wohl auch schon wieder sehr hungrig und auf ihren vier Beinen.“ „Darf ich mitkommen?“, fragte Leopold. „Ja klar, zieh dir flott deine Schuhe an, denn die Praxis macht gleich zu.“ Das ließ er sich nicht zweimal sagen und flitzte in den Flur.

Eine halbe Stunde später waren Lisa und Leopold wieder zurück vom Tierarzt und ihre Mutter hielt die Katze auf dem Arm. Alle hüpften aufgeregt um Lea herum. Nur Lotti blieb beleidigt, dass man ihr nicht genauso viel Aufmerksamkeit wie der Katze entgegenbrachte, im Körbchen liegen. „Ihr müsst etwas ruhiger sein“, sagte Lisa. „Lea ist noch geschwächt und braucht viel Ruhe. Ich bringe sie in dein Zimmer Marie, da kann sie sich etwas ausruhen.“ „Okay, ich schaue nachher mal nach ihr.“

Während Lisa die Katze in Maries Zimmer brachte, kam auch schon Richard mit einem Stapel Pizzakartons nach Hause. Wie hungrige Wölfe stürzten sich die Geschwister darauf.

„Was ist eigentlich mit Mamas Drucker passiert?“, fragte Richard und hob skeptisch eine Augenbraue. „Als ich eben im Arbeitszimmer war, roch er ziemlich verbrannt und Kopierpapier war auch keins mehr da.“ Louisa war so erleichtert über Leas Rückkehr, dass sie immer wieder unwillkürlich kichern musste. „Wir haben Flugblätter ausgedruckt und verteilt, um die Nachbarschaft vor dem Rattengift zu warnen.“ Richard guckte seine Tochter fragend an. „Na, damit das nicht nochmal passiert“, erklärte Louisa stolz. „Da bin ich ja beruhigt, ich habe schon gedacht ihr hättet wieder sonst etwas angestellt. Das mit den Flugblättern ist zwar eine gute Idee von euch, aber trotzdem besteht immer eine gewisse Gefahr, dass so etwas wieder passieren kann. Die Katzen die frei leben, können ja nicht auf einmal zu Hause eingesperrt werden“, erklärte ihr Vater. Louisa sah ihn traurig an. „Dann war also alles umsonst?“ „Nein, mein Schatz, die Hundehalter lassen die Hunde ja nicht allein raus und sind durch euch jetzt vorgewarnt, dass ihre Vierbeiner auf keinen Fall etwas Unbekanntes essen dürfen.“ „Und die Katzenhalter?“, fragte Leopold. „Die sind ja nicht dabei, wenn ihre Tiere draußen herumlaufen.“ „Das stimmt, aber sie wissen jetzt auch Bescheid und können, genau wie ihr es gemacht habt, schnell handeln, wenn die Katze sich auf einmal merkwürdig verhält.“ Louisa schaute beunruhigt ihren Vater an. „Und wenn Lea das nochmal passiert, vielleicht hat sie beim nächsten Mal nicht mehr so viel Glück?“ „Lea ist doch ein kluges Kätzchen. Sie hat bestimmt gelernt, dass das, was sie gegessen hat, nicht gut für sie war. Das passiert ihr bestimmt kein zweites Mal.“ „Das sehe ich genauso, Lulu. Lea ist eine schlaue Katze“, sagte Lisa beschwichtigend und nahm sie in den Arm.

Louisa atmete erleichtert aus. „Bestimmt haben sie damit recht, auch wenn sie mit vielen Dingen falsch liegen, wie zum Beispiel, dass Hausaufgaben wichtig wären oder dass man früh ins Bett gehen sollte. Aber dass Lea schlau war, da war sie sich sicher. Das stimmte definitiv. Immerhin rettete sie sich ja damit, dass sie versucht hatte in die Nähe ihres Hauses zu kommen, damit ihre Familie oder Nachbarn ihr helfen konnten.“

Zufrieden über den glücklichen Ausgang des Tages legte Louisa sich in ihr Bett, wo sie, fernab des Familientrubels, über alles in Ruhe nachdenken konnte. Sie meldete sich noch, wie sie es versprochen hatte, bei ihrer Freundin Alice und schrieb ihr eine Nachricht. Denn sie wusste nicht, ob es jetzt schon zu spät war, noch bei ihr anzurufen. Sie teilte ihr mit, dass es Lea gut ginge und sie sehr dankbar für ihre Hilfe gewesen sei. Daraufhin schickte ihr Alice einen lachenden Smiley zurück.

Marie klopfte leise an ihre Tür. „Alles gut Lulu?“ „Ja, ich bin so froh, dass es Lea wieder besser geht.“ „Deshalb komme ich auch nochmal zu dir hoch. Sie hat gut gefressen und sich unter meine Bettdecke gekuschelt. Es ist also alles wieder in Ordnung mit ihr.“ „Trotzdem ist es furchtbar zu wissen, dass Menschen andere Lebewesen auf so qualvolle Weise umbringen. Warum töten sie die Ratten eigentlich?“, wollte Louisa wissen. „Papa hat mir mal gesagt, dass Ratten Krankheiten auf den Menschen übertragen können, und davor haben sie Angst“, erklärte Marie ihrer Schwester. „Und deshalb darf man die Tiere so brutal umbringen?“ Marie zuckte mit den Schultern. „Ich gehe jetzt auch mal ins Bett, Lulu. Schlaf gut und mach dir nicht immer so viele Gedanken.“

„Pah“, dachte Louisa, „nicht so viele Gedanken machen. Die hat gut reden. Mein Gedanken fahren gerade Achterbahn wie an den meisten Tagen, an denen ich viel zu viel grüble. Vor allem abends, wenn es dunkel wird und der Tag zu Ende geht, bekomme ich einfach keine Ruhe. Mama sagt immer, wenn ich nicht einschlafen könne, dann solle ich an etwas Schönes denken. Im Ernst, hat das jemals bei jemandem funktioniert? Ich versuche mir dann schonmal unseren nächsten Familienurlaub am Meer vorzustellen. Aber auf einmal verwandeln sich alle um mich herum in Zombies und dann kann ich erst recht nicht mehr einschlafen.

Solche Gedanken im Dunkeln sind nicht gerade förderlich, um gut einzuschlafen.“ Louisa schaute von ihrem Bett aus zum Fenster und beobachtete den dunklen Nachthimmel.

„So viele Sterne“, dachte sie und fragte sich, ob gerade noch andere Kinder genau wie sie nicht einschlafen konnten und dann ebenfalls den Mond und die Sterne beobachteten. Irgendwie beruhigte sie das Gefühl, dass der Mond, der hell auf die Himmelgeister Straße herabschien, über sie wachte und schlief bei dem Gedanken, dann doch noch ein.

Schule und anderer Stress

„Louisa aufstehen! Louisaaa! Lulu, nun komm schon! Du musst jetzt wirklich aufstehen!“, rief ihr Vater ungeduldig von unten aus dem Flur. „Oh je, schon wieder Schule“, dachte sie noch im Halbschlaf. „Warum muss die Schule eigentlich immer so früh anfangen, das ist echt unmenschlich. In der Hinsicht war Homeschooling wirklich toll gewesen, einfach um kurz vor knapp aufzustehen und im Schlafanzug vor dem Computer zu sitzen. Wenn man eine Pause brauchte, klickte man sich einfach raus und behauptete hinterher, dass die Internetverbindung nicht gut funktioniert hätte. Wieso gibt es die Schule überhaupt noch? Lesen, Schreiben und Rechnen bis zur 4. Klasse reicht doch vollkommen aus! Mit einem guten Internetanschluss kann doch jeder nachlesen, was er wissen möchte. Ich frag mal Mama, ob wir eine Petition machen können, in der man die weiterführende Schule abschafft“, überlegte Louisa müde.

„Noch fünf Minuten, Papa!“, rief sie zurück und drehte sich nochmal um. „Nein, Louisa, du musst jetzt aufstehen, sonst kommst du zu spät!“, erwiderte er jetzt ziemlich laut und deutlich. „Seiner Stimme nach zu urteilen, ist weiterer Widerstand wohl zwecklos“, dachte sie. Louisa gab auf und tapste schlaftrunken die steile Treppe von ihrem Hochbett hinunter. „Immerhin ist heute Freitag“, tröstete sie sich, „das heißt die nächsten zwei Tage kann ich ausschlafen.“

Irgendwie schaffte sie es wie jeden Morgen, noch einigermaßen zeitig in die Küche, um sich ihre Brotbox für die Schule zurecht zu machen. Marie war schon fertig und unterhielt sich mit Richard. Lea lag zufrieden auf der Fensterbank und Leopold schlief noch tief und fest in seinem Bett. „Warum darf Leo eigentlich immer so lange schlafen, Papa? Das ist voll unfair.“ Richard drehte sich zu Louisa um. „Er geht doch noch in die Grundschule und die ist nun mal bei uns um die Ecke. Außerdem konntest du in seinem Alter auch so lange schlafen, also ist es gar nicht unfair. Später muss er dann ja auch früher aufstehen.“ Louisa aber seufzte nur. Diese Erklärung nutzte ihr nun wirklich gar nichts.

Auf dem Weg zur Schule erklärte Louisa ihrer Schwester, dass sie sich heute Abend unbedingt einen Plan machen müssten, wie sie mit Alvas Tagebuch vorgehen sollten. „Ich bin nach der Schule noch mit Ella verabredet, aber gegen Abend hätte ich Zeit“, erklärte Marie. „Okay, prima! Wie sollen wir nur herausfinden, wo Papa das Tagebuch hingelegt hat?“ „Da habe ich eine gute Nachricht für dich“, sagte Marie. Louisa hob fragend eine Augenbraue. „Was meinst du damit?“ „Leo hat mir gestern, als wir mit Lotti unterwegs waren, erzählt, dass er weiß wo es ist.“ „Echt jetzt?“, fragte Louisa. Marie grinste. „Echt!“ Louisa schüttelte den Kopf. „Leo ist wirklich ein gewitzter Bengel! Und wo ist es?“ „Es steht direkt neben den Fotoalben im Bücherregal“, antwortete Marie. „Da hätte ich es mit Sicherheit nicht gesucht“, sagte Louisa zufrieden vor sich hin lächelnd. „Dann müssen wir morgen nur noch einen günstigen Moment abwarten, am besten, wenn Mama und Papa arbeiten.“

Marie blieb abrupt stehen und sah sie empört an. „Das heißt, du möchtest ohne Wissen der beiden das Tagebuch mopsen? Ich finde, wir sollten da nicht wieder so geheimnisvoll vorgehen, wie wir es bei der Truhe gemacht haben. Im Nachhinein hätten wir Mama und Papa doch problemlos bei den von uns auf dem Dachboden gefundenen alten Briefen von Ur-Urgroßtante Agnes einweihen können.“ Louisa blickte sie zweifelnd an. „Sie waren zwar nicht nachtragend oder sauer auf uns, aber meinst du nicht, sie hätten versucht, uns die Idee mit der Schatzsuche auszureden?“ „Schon möglich“, erwiderte Marie, „aber ich fände es einfach fairer, sie nun mit einzubeziehen.“ „Jetzt überleg doch mal, Marie, sie haben es seit Wochen immer noch nicht geschafft Alvas Tagebuch anzuschauen und bald sind sogar schon Herbstferien. Irgendwie machen sie einen großen Bogen um das

Thema. Zudem haben sie es ja in das Wohnzimmerregal gelegt und nicht vor uns versteckt." „Da ist etwas dran, aber ich muss darüber echt noch nachdenken", erwiderte Marie.

Die beiden gingen in ihre jeweiligen Klassenzimmer. Dasjenige von Marie war genau ein Stockwerk unter Louisas Klasse. „Heute gibt es schon wieder eine neue Sitzordnung", dachte sie. „Hoffentlich kann ich endlich neben einer meiner Freundinnen sitzen. Und wenn nicht, mache ich es das nächste Mal genau wie Lulu. Wenn die neben einem beknackten Jungen sitzt, den sie absolut nervig findet, dann quatscht sie den permanent zu, bis der Lehrer oder die Lehrerin genug davon haben und die beiden auseinandersetzen. Ganz schön durchtrieben, die Kleine", überlegte sie und betrat das Klassenzimmer.

„Na, Marie, auch schon da!", wurde sie von ihrer Lehrerin Frau Korn begrüßt. Marie sah erschrocken auf die große Uhr, die über der Tafel hing. „Ach du je, schon 8.20 Uhr", murmelte sie und brachte ein: „Ups tschuldigung", hervor. Ohne eine Reaktion der Lehrerin abzuwarten, machte sie kehrt, um an ihren gewohnten Platz zu gehen. Als sie sich setzen wollte, sah sie, dass dort schon ein anderer Mitschüler saß. „Warum sitzt Michael denn jetzt auf meinem Platz?", fragte sie irritiert und drehte sich zu ihrer Lehrerin um. Aber Frau Korn antwortete nicht. Also versuchte Marie es noch einmal: „Ähm tschuldigung Frau Korn“. Die Lehrerin sah sie befremdet an. „Hast du heute eine ordentliche Portion Tschuldigung gefrühstückt, oder warum sagst du das die ganze Zeit?“ Marie hörte hinter sich Lennard, den Klassenclown, kichern. „Na super“, dachte sie, „heute hat Frau Korn ja wohl wieder nicht so ihren besten Tag und gibt Lennard jetzt auch noch eine Steilvorlage.“ „Nö“, antwortete Marie patzig, „aber wo soll ich mich denn jetzt hinsetzen? Michael sitzt ja bereits auf meinem Platz.“ „Genau richtig erfasst“, erwiderte die Lehrerin schnippisch. „Du bist ja nicht pünktlich gekommen, wir haben bereits heute Morgen die Sitzplätze geändert.“ Maries Blick verdüsterte sich. „So was Blödes, und ich war nicht dabei“, murmelte Marie. „Hast du was gesagt?“, fragte Frau Korn streng. Marie schüttelte den Kopf, als plötzlich die Klassentür aufging und Ella hereinplatzte. „Tschuldigung!“, sagte auch diese und lächelte verlegen. Frau Korn schlug sich mit der Hand gegen die Stirn und sah anschließend erst zu Ella, dann zu Marie. „So die beiden Tschuldigung-Damen setzen sich hier in die erste Reihe“, sagte sie und zeigte energisch mit ihrem Finger auf den Tisch, der rechts von der Klassentür stand. Aus Angst, Frau Korn könnte es sich doch noch einmal anders überlegen, setzten sie sich in Windeseile vorne zusammen an den Tisch. Daraufhin meldete sich Nina. „Ja, Nina, was möchtest du uns denn jetzt sagen?“, fragte Frau Korn. „Das ist unfair!“, platzte es aus Nina verärgert heraus. „Was ist unfair?“, fragte die Lehrerin, jetzt sichtlich genervt. „Die kommen beide zu spät und werden dann noch belohnt, indem sie zusammensitzen dürfen.“ „Nein Nina!“, antwortete Frau Korn in einem bestimmenden Ton. „Das hatte ich sowieso vor.“ Nina aber rümpfte die Nase und murmelte leise: „Wer es glaubt!“ Ella stupste Marie indessen gut gelaunt an und zeigte ihr unter dem Tisch den erhobenen Daumen, was Marie sofort freudig erwiderte. „Das hätten wir schonmal geschafft“, dachte sie und kramte ihre Bücher aus der Tasche.

Nach der Schule holten sich Marie und Ella noch ein Eis, bevor sie gemeinsam zu Ella nach Hause gingen. Diese wohnte direkt in der Nähe der Schule und Marie fand es toll, dass sie zu Fuß zu ihr gehen konnten. Als Louisa spät am Nachmittag nach Hause kam, begrüßte Lisa ihre Tochter mit dem üblichen: „Und, wie war die Schule?“ Louisa schaute sie missmutig an. „Laaaaangweilig!“, antwortete sie trotzig und ging hoch in ihr Zimmer. Sie hatte jetzt keine Lust ihrer Mutter irgendetwas zu erklären.

Furcht und Freiheit

Leopold war auch schon zu Hause und beschäftigte sich in seinem Zimmer vertieft mit der Eisenbahn. „Hallo Leo!“, begrüßte sie ihn schlechtgelaunt. „Hast du Lea in letzter Zeit mal gesehen.“ „Ja! Sie lag eben noch draußen im Garten und hat sich genüsslich gesonnt.“ „Oh, okay, dann geht es ihr ja wohl gut.“ Leopold nickte. „Jep, sieht ganz so aus. Sollen wir zusammen mit der Eisenbahn spielen?“ „Ich habe eine viel bessere Idee“, erwiderte Louisa jetzt auf einmal in bester Laune. „Ach ja, und welche?“ „Wir holen uns gleich das Tagebuch von Alva.“ „Dazu habe ich keine Lust, ich spiele jetzt lieber weiter.“ „Wieso nicht?“, fragte Louisa enttäuscht. „Marie hat mir erzählt, dass du die Idee das Tagebuch anzuschauen auch gut fändest.“ „Ja, aber wir haben doch schon einen Schatz gefunden! Papa hat die Münzen sogar schätzen lassen und erfahren, dass sie einiges wert sind.“ „Das weiß ich doch bereits alles, aber das heißt doch nicht, dass es nicht trotzdem spannend sein kann, was Alva so schreibt.“

Leopold zuckte nur gelangweilt mit den Schultern. Louisa knallte verärgert seine Tür zu. „So hat das keinen Sinn, dann mache ich es halt allein!“

Sie überlegte: „Marie hatte wohl recht, dass es besser wäre, diesmal Mama und Papa einzuweihen.“ Sie ging hinunter, um zu schauen, wo ihre Mutter sich gerade aufhielt, und entdeckte sie über einer Zeitung im Wohnzimmer. Louisa blickte in das Bücherregal und spähte zu Alvas Tagebuch, was Lisa nicht entging. „Habe ich es mir doch gedacht, dass dir das Tagebuch keine Ruhe lässt!“ Ertappt drehte sich Louisa zu ihrer Mutter um. „Aber fändest du es nicht auch spannend zu erfahren, was Alva ihrer Schwester Agnes mitteilen wollte?“ „Doch natürlich Lulu, aber Papa und ich haben so viel zu tun, dass es nicht so leicht ist, dafür Zeit zu finden. Ihr habt doch selbst gemerkt, wie mühsam es gewesen ist, allein die ganzen schwedischen Briefe zu übersetzen und dann auch noch die einzelnen Hinweise zu verstehen.“ „Es hat aber auch sehr viel Spaß gemacht und es war die Mühe allemal wert.“

Ihre Mutter schaute Louisa prüfend an, dann griff sie wortlos zum Tagebuch. „Hier, nimm es und pass gut darauf auf. Ich bin mir sicher, dass du und deine Geschwister die Richtigen dafür seid.“ Louisa sah sie überrascht an und nahm strahlend das Tagebuch entgegen. „Danke Mama!“ „Schon gut, erzähl mir einfach ab und zu, was du daraus so erfährst.“ Mit einem „Klar, mache ich!“, verschwand ihre Tochter nach oben.

Louisa setzte sich auf ihr Bett und wollte gerade das Tagebuch öffnen, da klopfte es an ihre Tür. Leopold kam herein. „Was machst du, Lulu?“, fragte er neugierig. „Ich wollte mir gerade Alvas Tagebuch anschauen.“ „Echt?“, erwiderte er jetzt zunehmend neugierig. „Darf ich doch mitgucken?“ „Wenn es sein muss, du wolltest doch lieber mit deiner Eisenbahn spielen“, grummelte diese zurück, nicht gerade erfreut über Leopolds plötzlichen Sinneswandel. Denn sie hatte sich gerade darauf eingestellt, das Tagebuch alleine in aller Ruhe anzuschauen. „Aber andererseits“, dachte sie, „ist es vielleicht gar nicht so schlecht, wenn er dabei ist. Immerhin ist er ein kluges Köpfchen und hat viel Fantasie.“

Als sie es aufschlug sahen sie viele verschiedene Bilder. Auf dem ersten war das Backsteinhaus mit den roten Steinen zu sehen. „Guck mal, Leo“, sagte sie ganz aufgeregt,

„das muss das Haus sein, in dem wir das Tagebuch gefunden haben.“ „Du meinst, das was davon noch übrig ist“, ergänzte Leopold, womit er Recht hatte.

„Ja genau, da wo der Schatz unter den alten Steinen versteckt, war.“ Lotti, die neben ihrem Bett lag, seufzte tief. Louisa musste unwillkürlich kichern. „Und ohne die großartige Hilfe von Lotti hätten wir das Vermächtnis von Alva nicht gefunden. Mensch Leo, ich glaube echt, Lotti ist so ein kleiner Spion, der mehr versteht, als man glaubt.“ Leopold lächelte. „Wer weiß, wer weiß!“

Louisa blätterte weiter in den mit jeweils einem Datum gekennzeichneten Seiten. „Lass mich raten“, sagte Leopold, der auf das Buch spähte, „wieder alles in schwedischer Sprache?“ Louisa nickte. „Es sieht ganz so aus, ich denke nicht, dass sie auf einmal angefangen hat, Finnisch zu schreiben.“ „Hä? Wieso jetzt Finnisch?“ „Nichts Leo, war nur ein Witz.“ Leopold schüttelte ungläubig den Kopf. Manchmal waren ihm seine Schwestern ein einziges Rätsel.

Anschließend folgten Bilder mit Menschen und Tieren. Darauf waren ängstliche Gesichter und weinende Kinder zu sehen, die von den Gräueln des Deutsch-Französischen Krieges zeugten. „Oh, wie schrecklich“, murmelte Louisa. „Kein Wunder, dass sie da weg wollten“, sagte Leopold, der erst zu den Bildern im Buch und dann in Louisas trauriges Gesicht schaute.

Als ihre Mutter sie später zum Essen rief und sie alle zusammen am Tisch saßen, war Louisa sehr nachdenklich. Marie dagegen erzählte fröhlich von ihrem Tag in der Schule. „Mama, wusstest du schon, dass ich jetzt einen anderen Sitzplatz habe?“ Ihre Mutter schaute sie fragend an. „Gab es schon wieder eine neue Sitzordnung?“ „Ja!“, antwortete Marie. „Ich sitze jetzt endlich neben Ella.“ „Hast du Glück!“, mischte sich Louisa jetzt plötzlich mit in das Gespräch ein. „Ich muss wieder neben einem Jungen sitzen, aber wenigstens ist Karl nicht so schlimm wie dieser Klassensuperangeber Jonas.“ „Was ist denn so schlimm daran, neben einem Jungen zu sitzen?“, fragte Leopold. „Du sitzt doch beim Essen auch neben mir, Lulu.“ „Jungs sind halt komisch“, erwiderte diese nur knapp. Leopold verstand jetzt gar nichts mehr. „Also wenn“, dachte er, „sind ja wohl die Mädchen echt schräg.“

„Das freut mich“, sagte Lisa, „dass du jetzt endlich mal neben Ella sitzen kannst.“ Richard sah zu der bekümmert wirkenden Louisa. „Schaust du jetzt wirklich so traurig, weil du neben einem Jungen sitzen musst?“, fragte er irritiert. „Nein, Karl ist in Ordnung.“ „Und was bedrückt dich dann so?“, setzte er fragend nach. „Ich habe mir eben zusammen mit Leo das Tagebuch von Alva angeschaut.“ Marie hustete plötzlich. Vor Schreck hatte sie sich an einem Apfelstück verschluckt. „Keine Sorge Marie, ich habe Mama vorher gefragt, ob ich es mir nehmen darf“, erklärte Louisa. „Hätte ich gewusst, dass dich das so traurig macht, hätte ich mir das aber vielleicht noch einmal anders überlegt“, sagte Lisa besorgt.

„Alva hat viele Bilder in ihr Buch gezeichnet, und da war eins, wo sie weinende Kinder gemalt hat und Menschen, die auf der Straße sitzen und so traurig und verlassen gucken“, erklärte Louisa in die Runde. „Es war bestimmt furchtbar für die Menschen, im Krieg zu leben.“ Richard nickte. „Ja, das war es mit Sicherheit und leider gibt es auch heute noch ständig irgendwo auf der Welt Krieg.“ Louisa schaute noch trauriger in die Runde.

„Hat Alva denn auch etwas in ihr Buch geschrieben oder sind dort nur Zeichnungen?“, versuchte ihr Vater das Thema zu wechseln. Leopold schüttelte den Kopf. „Ja, da sind auch Texte in einer anderen Sprache. Lulu meint in Finnisch oder so.“ Seine Schwester schlug mit der Hand gegen ihr Gesicht. „Och Leo, das war doch nur ein Witz. Es ist sehr wahrscheinlich wieder in Schwedisch.“ „Willst du es mal holen und wir schauen es uns alle gemeinsam an?“, fragte Lisa sie.

Lisa nickte und kurze Zeit später saßen sie alle zusammen auf dem Sofa und sahen sich das Buch an. Auch der Rest der Familie erkannte sofort das alte Backsteinhaus auf dem ersten Bild, in dessen Überresten sie den Schatz gefunden hatten. Lisa las laut vor und versuchte mit ihren noch verbliebenen Schwedischkenntnissen zu übersetzen. Es war ihre Oma gewesen, die es ihr als Kind beigebracht hatte.

„Ich lese es euch zuerst auf Schwedisch vor und übersetze es dann.“

Boulogne sur Mer, 30.7.1870

Kära Agnes,

Det är annorlunda än vad jag hade föreställt mig. Jag sökte efter frihet, jag ville lämna hemnet och nu blev jag överraskat av ett krig här.

Vad jag skulle ge för att vara med dig igen! Jag är ledsen att jag åkte så plötsligt. Vad tänkte jag på?

Men Francis ger mig styrka i denna svåra tid.

Liebe Agnes,

es ist anders, als ich es mir vorgestellt hatte. Ich habe die Freiheit gesucht, wollte von zu Hause weg und jetzt bin ich hier von einem Krieg überrascht worden. Was würde ich nur dafür geben, wieder bei euch zu sein! Es tut mir sehr leid, dass ich so plötzlich weggegangen bin. Was habe ich mir nur dabei gedacht. Francis gibt mir aber Halt in dieser schweren Zeit.

Leopold schaute nachdenklich vom Buch hoch und war sichtlich beeindruckt, wie gut seine Mutter noch die schwedische Sprache beherrschte. Das hätte ihnen bei Agnes Briefen eine Menge Arbeit erspart, denn die drei Geschwister mussten diese Zeile für Zeile, Wort für Wort, mühsam mithilfe eines Übersetzungsprogramms aus dem Internet ins Deutsche übersetzen. „Warum ist Alva damals eigentlich von zu Hause weggegangen?“, fragte er. Lisa zuckte mit den Schultern. „Vielleicht hatten sie sich gestritten?“ „Oder“, sagte Richard, „Alva wollte nicht mehr auf dem Hof ihrer Eltern leben und lieber etwas von der Welt sehen.“ Marie sah zu ihrem Vater. „Das war zu der damaligen Zeit aber doch eher unüblich, oder?“ Richard nickte. „So viel Freiheit wie sie Frauen in unserer westlichen Welt heute haben, kannten sie früher ganz gewiss nicht, und man konnte auch nicht so unbeschwert wie heute reisen.“ „Was bedeutet westliche Welt?“, wollte Louisa wissen. „Darunter versteht man bestimmte Länder der Erde im Westen von Europa, die gemeinsame Werte verteidigen, wie z.B. Freiheitsrechte, Menschenrechte und Toleranz“, erklärte Richard. „Das gab es zu der Zeit noch nicht?“, fragte Louisa verwundert. Richard schüttelte den Kopf. „Nein, nicht in diesem Ausmaß.“

Leopold mischte sich ein. „Was ist Tolranz?“ „Toleranz heißt das“, verbesserte ihn Marie und erklärte weiter: „Das ist, wenn du den ganzen Tag Karnevalslieder hörst und wir dir trotzdem nicht deine Musikanlage wegnehmen.“ „Gute Idee!“ Er sprang auf und ging zur Musikanlage. „Nein!“, schrien alle gleichzeitig. Leopold verdrehte die Augen und setzte sich wieder auf die Couch. „Na gut“, murmelte er, „dann halt nicht.“

Lotti stand von ihrem Körbchen auf und legte sich direkt neben das Buch auf Lisas Schoß. Louisa musste bei dem Anblick schmunzeln. „Seht ihr, Lotti möchte auch wissen, wie es weitergeht.“

Ein Huhn auf Abwegen

Plötzlich klingelte das Telefon und Marie hob ab. „Marie Lundberg“, sagte sie in den Hörer. „Ach, hallo Omi, wie geht es dir? Nein, wirklich? Das gibt es doch nicht! Wie konnte das denn passieren? Ja klar, wir kommen sofort und nehmen Lotti mit.“

„Was ist?“, fragte Lisa beunruhigt, die vom Wohnzimmer aus Marie zugehört hatte. „Ein Huhn ist weg!“ „Ein Huhn ist weg?!“, wiederholte Louisa und fuhr erschreckt hoch. Marie nickte. „Leider ja.“ „Seit wann denn?“, fragte ihre Mutter. Marie zuckte mit den Schultern. „Ich weiß es nicht genau, ich glaube seit heute Nachmittag, denn beim Füttern heute Morgen waren noch alle vier da.“ „Das wird schon wieder auftauchen“, murmelte Leopold abwesend. Louisa wurde wütend, weil ihr Bruder nur mangelndes Interesse zeigte. Scheinbar machte er sich so gar keine Sorgen über den Verbleib des Huhnes. Sie versetzte Leopold mit ihrem Ellenbogen einen Schubs und funkelte ihn aus zusammengekniffenen Augen böse an. „Aua!“, schrie dieser und schubste sie zurück. Gerade als Louisa zum Gegenschlag ausholen wollte, stand Richard auf und verkündete: „Ich fahre mit Louisa und Marie rüber, vielleicht finden wir das Huhn ja wieder.“ „Ihr müsst ohne mich fahren Papa", sagte Marie, „ich wollte heute Abend noch mit Anna telefonieren und bin total müde, da würde ich bestimmt schon während der kurzen Autofahrt einschlafen. Aber Omi hat gefragt, ob wir Lotti vorbeibringen können, vielleicht spürt sie das Huhn ja auf." „Gute Idee!", sagte Louisa und verschonte ihren Bruder dann doch noch. „Welches von den Hühnern ist denn weg?" „Oda", antwortete ihre Schwester. Louisa guckte betreten. „Auch noch Oda, der ging es damals nach der Hühnerrettung am schlechtesten."

Die Kinder hatten im letzten Winter zusammen mit ihrem Vater Hühner vor der Schlachtung gerettet. Diese waren gerade mal ein Jahr alt und ganz ausgemergelt, als man sie aus den winzigen Kästen eines Lastwagens befreit hatte.

Dazu war es gekommen, weil ihre Mutter Mitglied in einem Verein ist, der Hühner vor so einem traurigen Ende bewahren möchte. Bereits nach ein paar Wochen hatten sie sich schon recht gut erholt, und aus den kleinen, verängstigten und federlosen Geschöpfen entwickelten sich stolze Hühner. Nur Oda, das kleinste und schwächste Huhn, brauchte eine lange Zeit, um wieder auf ihre kleinen Beine zu kommen. Omi hatte ihr sogar einen Pullover genäht, damit sie so federlos nicht friert. Aber nach gut einem halben Jahr war auch Oda über dem Berg.

„Jetzt lasst uns mal mit Lotti zu Christina und Hinrich fahren und nicht direkt verzweifeln“, sagte ihr Vater. „Ich möchte auch mit!“, maulte Leopold empört, weil man ihn mal wieder außen vorließ. „Okay“, sagte Richard, „wenn du dich beeilst, kannst du mitkommen.“ Leopold nickte erfreut und zog, so schnell er konnte, seine Schuhe an. Als auch Richard gerade dabei war, sich anzuziehen, begann er auf einmal lauthals zu fluchen: „Um Himmels willen, Leo! Das ist doch wieder mal dein Werk, oder?“ Leo grinste von einem Ohr zum anderen. „Was ist denn Papa?“, fragte Louisa irritiert. „Na das!“, ärgerlich zeigte ihr Vater auf seine Schuhe. Leopold hatte doch tatsächlich die pinken Schnürsenkel von Maries Turnschuhen in Richards braune Schuhe eingefädelt. Louisa versuchte, als sie das sah, vor Lachen nicht laut loszuprusten und hielt sich die Hand vor den Mund. Ihr Vater schüttelte nur den Kopf und zog sich, da er seine anderen Schuhe auf die Schnelle nicht finden konnte, die Schuhe mit den grellrosa Schnürsenkeln an. „Da reden wir noch drüber Leo. Du hast Glück, dass wir uns beeilen müssen.“

Nachdem Leopold und Louisa während der Autofahrt über Richards pink leuchtende Schuhe lachen mussten, wurden sie, als sie bei ihren Großeltern ankamen, wieder ganz schnell ernst. Doch auch Christina blickte amüsiert auf Richards Schuhe und flüsterte Louisa ins Ohr: „Hat euer Papa neue Schuhe?“ Louisa schüttelte belustigt den Kopf. „Nein, das war mal wieder einer von Leos Streichen.“ Ihre Omi musste lachen. „Das hätte ich mir ja gleich denken können.“

Inzwischen war Richard mit Hinrich nach draußen in den Garten zu den drei verbliebenen Hühnern gegangen. Gemeinsam beobachteten sie, wie Lotti bereits neugierig im Garten herumschnüffelte. „Wie sollen wir Lotti denn jetzt erklären, dass sie Oda suchen soll?“, fragte Louisa ihre Großmutter. Sie hielt zwar viel von ihrem Hund, vor allem nachdem dieser sogar den Schatz von Ur-Urgroßtante Alva erschnüffelt hatte. Aber ob sie jetzt verstand, dass ein Huhn vermisst wurde, da war sie sich nicht ganz sicher. „Ich hätte da eine Idee!“, erklärte Christina. „Ich habe doch noch den Hühnerpullover von Oda. Wir können Lotti daran schnüffeln lassen und vielleicht versteht sie dann, dass sie diesem Geruch folgen soll. So machen Spürhunde das ja schließlich auch.“ „Das ist eine tolle Idee!“, rief Louisa bewundernd. Leopold aber runzelte irritiert die Stirn. „Lotti ist doch gar kein ausgebildeter Spürhund.“ „Aber probieren geht über studieren“, erwiderte Louisa.

Ihre Omi war schon unterwegs zur Garage, den Hühnerpulli holen und zeigte ihn Louisa. „Mach du das mit Lotti“, sagte sie zu ihr und gab ihr das Strickteil in die Hand. „Zu dir hat sie das größte Vertrauen.“ Louisa lächelte geschmeichelt und hielt Lotti, die jetzt dicht neben ihr stand, den Pullover unter die Nase. Dann beugte sie sich zu ihr hinunter und flüsterte: „Du musst uns jetzt helfen Oda zu finden, Lotti.“ Diese aber guckte Louisa nur fragend mit ihren braunen Kulleraugen an. Leopold rümpfte die Nase. „Das habe ich doch gleich gesagt, Lotti versteht nicht ‚was du von ihr willst.“ Seine Schwester wurde ärgerlich. „Wieso bist du überhaupt mitgekommen, wenn du an allem rummeckerst?“ „Na, weil ich es bin, der Oda finden wird“, sagte er mit fester Stimme. „Pah!“, machte Louisa verächtlich und ging mit Lotti in eine andere Ecke des Gartens, damit diese nicht weiter abgelenkt würde.

Währenddessen suchten die anderen den Rest des großen Grundstücks ihrer Großeltern ab. „So, Lotti, du musst Oda finden. Wenn du uns hilfst, bekommst du von mir ein extra großes Leckerchen.“ Da spitzte Lotti auf einmal die Ohren und begann an dem Pullover zu schnüffeln. „Das gibt es doch nicht“, dachte Louisa. „Dieser Hund ist doch tatsächlich bestechlich.“ Nachdem Lotti ausgiebig am Pullover geschnüffelt hatte, lief sie mit der Nase auf dem Boden den Garten ab. Sie ging die ganze Zeit im Kreis herum, doch nichts tat sich und so langsam wurde es auch schon ein bisschen dunkel.

Nachdem sie mit Lotti ungefähr eine Stunde lang den kompletten Garten abgesucht oder eher erschnüffelt hatten und Lotti auch keine Kreise mehr im Garten zog, sagte Richard, dass es langsam keinen Sinn mehr machte und sie aufgrund der aufziehenden Dunkelheit gleich sowieso nichts mehr sehen würden.

„Nein!“, sagte Louisa energisch. „Wir geben jetzt noch nicht auf. Gerade in der Nacht kann Oda doch alles Mögliche passieren, wenn sie nicht, geschützt vor Wildtieren, im Stall sitzt. Ich gehe mit Lotti vorne zur Straße und werde ihr da noch einmal den Hühnerpullover vor die Nase halten.“ Richard schüttelte den Kopf und seufzte: „Das hat doch keinen Sinn!“ Louisa war aber schon auf dem Weg zur Haustür und ihr Vater wusste, wenn seine Tochter sich etwas in den Kopf gesetzt hatte, dann war es schwer bis gar unmöglich, ihr das wieder auszureden.

Als Richard mit Leopold bei Louisa und Lotti ankam, sah er, dass Lotti wohl tatsächlich auf der Straße Witterung aufgenommen haben musste, denn sie zog Louisa an der Leine hinter sich her. „Lotti, langsam, wo willst du denn hin?“, fragte Louisa nervös.

Eine Straße weiter kam Lotti an einem kleinen Häuschen zum Stehen und kläffte. „Hier ist Oda?“, erhob Louisa fragend die Stimme. Lotti jaulte und kratzte aufgeregt an der Haustür. „Papa, du musst hier unbedingt klingeln“, sagte Louisa zu ihrem Vater, der zusammen mit Leopold direkt hinter ihr stand. „Und was soll ich sagen?“ „Na, dass Oda hier sein muss.“ Richard seufzte, wohlwissend, dass er keine andere Wahl hatte, und drückte auf die Klingel, auf der „Familie Bärenfänger“ stand. „Na, gut, dass wir keine Bären sind“, murmelte er leise vor sich hin. Sie hörten einen Hund kläffen und kurz darauf machte ein netter älterer Herr die Tür auf. „Ruhig Rex!“, sagte dieser zu einem sehr hübschen blonden Labrador. Daraufhin beugte sich Richard zu Lotti hinunter und flüsterte ihr zu, noch bevor er etwas zu Herrn Bärenfänger sagte: „Im Ernst Lotti? Wolltest du etwa einen Freund von dir besuchen?“ Der Mann an der Tür schaute sie verdutzt an. „Kann ich Ihnen helfen?“, fragte er freundlich. „Es tut mir leid“, sagte Richard „aber ich glaube, wir haben Sie umsonst gestört“ und wollte gerade wieder gehen. Da fragte Herr Bärenfänger neugierig: „Was führt Sie denn zu mir?“

„Meine Schwiegereltern wohnen ein paar hundert Meter um die Ecke und vermissen eines ihrer braunen Hühner. Wir dachten, der Hund meiner Tochter hätte es hier aufgespürt, aber ich glaube er wollte nur zu Ihrem Hund.“ Richard und Herr Bärenfänger sahen auf Lotti, die schwanzwedelnd und außer sich vor Freude an Rex schnüffelte. „Hmm“, Herr Bärenfänger rieb sich nachdenklich mit der Hand über das Kinn. „Das kann natürlich sein, aber vielleicht hat Ihr Hund gar nicht so unrecht, denn ich habe selbst Hühner und auch einen Hahn.“ „Ach wirklich?“, sagte Richard überrascht. „Dürfen wir mal bei den Hühnern nachsehen?“, fragte Louisa aufgeregt. „Ja, natürlich, kommt ruhig rein, dann gehen wir gemeinsam zu den Hühnern. Sie müssten inzwischen alle im Stall sein.“ Als Louisa und Leopold das hörten, liefen sie bereits schnurstracks zur Gartentür. Richard und Herr Bärenfänger folgten ihnen. Während sie zusammen in den Garten gingen sagte Herr Bärenfänger mit Blick auf Richards pink leuchtende Schuhe: „Schicke Schuhe übrigens!“ Und obwohl Richard die Situation etwas peinlich war, musste er, genau wie Herr Bärenfänger, über die absurde Situation lachen.

Herr Bärenfänger machte den Hühnerstall auf und schaltete das Licht an. Müde und leicht empört über die späte Störung blinzelten sie zehn Hühner von der Stange aus an. Der Hahn aber schaute sie besonders erbost aus seinen kleinen Augen an. „Der guckt genauso grimmig wie du, Lulu“, flüsterte Leopold in Louisas Ohr. Louisa knuffte ihren Bruder heftig in die Seite. „Hmm“, nichts zu sehen“, sagte Herr Bärenfänger, „es sind zehn weiße Hühner und ein bunter Hahn, so wie immer.“ Gerade, als er die Tür wieder schließen wollte, rief Louisa: „Halt, nein, stopp!“ Herr Bärenfänger sah sie überrascht an „Was ist denn?“, fragte er neugierig. „Ich habe noch eins gesehen?“ „Wie, noch eins?“, wollte Richard irritiert wissen. „Na, noch ein Huhn!“ „Und wo genau?“, fragte Herr Bärenfänger. Louisa ging zu dem mürrisch blickenden Hahn, der immer noch wenig begeistert schien. „Seht mal! Neben dem Hahn sehe ich noch etwas Braunes hervorschimmern.“ „Stimmt!“, rief Leopold. „Otto!“, sagte der Mann daraufhin vorwurfvoll in Richtung des Hahns. „Hast du da etwa was versteckt?“ Er ging zu ihm und klappte seinen Flügel hoch. Und tatsächlich, ganz dicht an Otto unter seinem Flügel gekuschelt, saß Oda.

Richard traute seinen Augen nicht und auch Herr Bärenfänger war ganz perplex. „Das gibt es doch nicht“, sagte dieser. Louisa kicherte. „Da haben sich wohl zwei gesucht und gefunden.“ Richard konnte gar nicht glauben, was er da sah und entschuldigte sich: „Das tut mir wirklich leid, Oda muss wohl über die Zäune der Nachbargärten geflogen sein.“ „Das macht doch nichts“, sagte Herr Bärenfänger freundlich, während Otto in dem Moment wieder seinen Flügel über Oda klappte. „Komm Louisa, dann nimm dir Oda und wir bringen sie deinen Großeltern zurück“, sagte ihr Vater. Diese rührte sich aber nicht. „Ich weiß nicht“, murmelte sie gedankenverloren, „mir tut es irgendwie leid, die beiden jetzt zu trennen. Oda sieht so glücklich aus.“ „Ja, aber sie gehört hier nicht hin. Ihre Gruppe ist nun mal woanders.“

„Sie war aber immer abseits von den anderen Hühnern, Papa, und jetzt schau sie dir mal an. Irgendwie sieht es so aus, als wenn sie sich hier wohler fühlt.“ Richard dachte nach. Vielleicht hatte seine Tochter ja recht damit. Herr Bärenfänger, der das Gespräch der beiden verfolgt hatte, machte einen Vorschlag: „Ich habe eine Idee, wir lassen Oda jetzt heute Nacht hier. Sie geben mir am besten die Nummer von Ihren Schwiegereltern, dann rufe ich sie morgen an und wir besprechen alles in Ruhe.“ „Aber Sie tun den Hühnern doch nichts?“, fragte Louisa besorgt. „Wie meinst du das?“, fragte der Mann irritiert. „Na ja, Sie essen die Hühner doch nicht oder verkaufen sie?“ „Nein, mein Kind“, sagte er, „ich halte die Hühner nur, weil ich Freude daran habe. Seit meine Trude nicht mehr da ist, helfen mir die Tiere über die Einsamkeit hinweg. Und wenn es dich beruhigt, ich esse schon seit vielen Jahren kein Fleisch mehr." „Oh", entfuhr es Louisa erfreut. „Dann müssen wir uns wohl wirklich keine Sorgen machen."

Nachdem Richard die Telefonnummer und die Adresse von Christina und Hinrich aufgeschrieben hatte, bedankte er sich und ging mit Louisa und Leopold zur Tür. Lotti schnüffelte immer noch schwanzwedelnd an Rex. Herr Bärenfänger lächelte amüsiert. „Ihr Hund kann uns natürlich auch jederzeit besuchen kommen." Louisa umarmte ihren Hund. „Das hast du großartig gemacht, Lotti. Ich gebe dir gleich bei Omi das größte Leckerchen, was ich bei ihr finden kann." Triumphierend sah sie zu ihrem Bruder, denn immerhin hatte sie recht behalten, dass Lotti Oda finden würde. Doch dieser wich ihrem Blick einfach aus.

Als sie bei den Großeltern angekommen waren, stürmte Leopold zu ihnen in die Küche und rief: „Wir haben Oda gefunden!" „Du nimmst uns doch mal wieder auf den Arm Leo", erwiderte Christina. „Nein, wirklich!", mischte Louisa sich ein. „Sie hat in der Nachbarschaft neue Freunde gesucht und auch gefunden. Oda kuschelt jetzt mit einem etwas mürrisch dreinschauenden Hahn." Christina verstand jetzt gar nichts mehr. „Richaaard!", rief sie. Dieser kam in die Küche getrottet und erklärte: „Wenn ihr wissen wollt, ob Oda wirklich die Liebe ihres Lebens gefunden hat, ja es ist tatsächlich so.“ Hinrich schüttelte nur ungläubig den Kopf und fragte: „Wo genau ist Oda denn jetzt? Und warum habt ihr sie nicht mitgenommen?“

Leopold hatte es sich währenddessen auf der Couch seiner Großeltern gemütlich gemacht und schaute sich ein Buch über Superhelden an. „Also“, begann Louisa zu erzählen, „Oda ist bei einem Herrn Bärenfänger eingezogen. Der hat einen Hund namens Rex und zehn Hühner sowie einen Hahn namens Otto. Oda hat wohl eine günstige Gelegenheit genutzt und ist zu ihnen hinübergeflogen. Und da sie eben so glücklich und ganz nah an Otto geschmiegt im Stall saß, hat Herr Bärenfänger vorgeschlagen, dass wir sie erstmal bei ihm lassen sollten.

Papa hat ihm eure Telefonnummer aufgeschrieben und er will sich direkt morgen früh bei euch melden.“ „Hmm“, machte Christina nachdenklich und schaute zu Hinrich. „Das ist doch der nette ältere Herr, der vor zwei Jahren seine Frau verloren hat.“ „Ja, das müsste er sein“, antworte Hinrich. „Er ist, glaube ich, nie über diesen Verlust hinweggekommen und lebt seitdem sehr zurückgezogen.“ „Hat er denn sonst keine Verwandten?“, wollte Louisa wissen. „Er hat, soweit ich weiß, eine Tochter, die aber weit weg wohnt“, erklärte Christina. „Oh, das ist aber traurig“, murmelte Louisa. Da kam ihr eine Idee: „Wenn er morgen wegen Oda anruft, dann frag ihn doch, ob wir ihn mal besuchen kommen können.“ „Ja, das ist eine schöne Idee von dir Lulu“, sagte Christina. „Wir sollten aber auch überlegen, was wir jetzt mit Oda machen. Es scheint ja so, als hätte sie sich eine neue Familie gesucht.“

Louisa fand, dass ihre Großmutter irgendwie betrübt aussah, als sie das sagte. „Ach Omi“, erwiderte Louisa, „sei bitte nicht traurig. Die Hühner haben es wirklich gut bei dir! Aber ich glaube, Oda hat sich mit den anderen einfach nicht so gut verstanden. Du sagst mir doch selbst immer, dass es halt manchmal einfach nicht passt.“ Ihre Großmutter nickte. „Da hast du wohl recht. Du meinst also, wir sollten, falls Herr Bärenfänger damit einverstanden ist, sie besser bei ihm lassen?“ „Ja, das meine ich, er scheint ein wirklich aufrichtig netter Mann zu sein.“ „Ich warte mal ab, was er mir morgen sagt und dann können wir ja nochmal überlegen“, erwiderte Christina. „Wir sollten jetzt schleunigst nach Hause gehen, es ist schon ziemlich spät“, sagte Richard. „Aber, es ist doch Freitag, Papa!“, wandte Louisa ein. „Da können wir doch ausschlafen.“ „Trotzdem, eure Mutter fragt sich bestimmt schon, wo wir so lange bleiben.“

Zu Hause angekommen, konnte auch Lisa kaum fassen, was sie ihr da erzählten. Marie war bereits in ihrem Zimmer und schlief tief und fest. Louisa musste also leider bis morgen warten, um ihr alles erzählen zu können. „Die wird Augen machen“, dachte sie. Nachdem sie und Leopold noch etwas gegessen hatten, ging Louisa in ihr Zimmer und las ein Buch über Zeitreisen. Leopold dagegen kramte in seinem Zimmer nach seinem Lieblingsauto, das er zum Spielen mit ins Bett nehmen wollte.

Alvas Tagebuch

Als Louisa aufgewacht war und zum Fenster hinüberschaute, sah es nach einem wunderschönen Spätsommertag aus. Die Sonne strahlte mit aller Kraft und sie beobachtete die tanzenden Staubflocken vor ihrer Nase. „Hatschi“, machte sie und wurde sogleich hellwach. Hungrig ging sie nach unten, wo der Rest der Familie schon auf sie wartete. „Guten Morgen Lulu“, begrüßte ihre Mutter sie.

„Das war ja eine Geschichte mit Oda, die ich da gehört habe“, sagte Marie zu ihr. Louisa sah sie fragend an. „Haben die anderen dir etwa schon davon erzählt?“ „Ja, Leo hat mich heute Morgen in aller Frühe geweckt und mir ausführlich berichtet, wie er die Idee hatte mit Lotti in der Nachbarschaft nach Oda zu suchen.“ Sichtlich verärgert schnaubte Louisa ihren Bruder an: „Leo, hast du das echt so erzählt?“ Leopold grinste breit. „So ähnlich war es doch auch“, rechtfertigte er sich. „Also eigentlich war es Lulus Idee“, mischte Richard sich in das Gespräch ein. „Ach, das hätte ich mir ja gleich denken können“, lächelte Marie ihre Schwester an. „Aber es ist wirklich toll, dass Lotti Oda gefunden hat. Ich bin gespannt, wie Omi und Opi sich entscheiden werden.“ Lisa nickte. „Ich glaube, da sind wir alle gespannt. Mal sehen, wann die beiden sich melden.“ Dann fügte sie hinzu: „Lulu, wenn du gefrühstückt hast, schauen wir uns gemeinsam das Tagebuch von Alva an. Ich habe es gestern, nachdem ihr so schnell weg wart, wieder zurück in das Bücherregal gestellt.“ Louisa starrte sie verwirrt an. Das hatte sie doch komplett vergessen! Heute wollten sie ja eigentlich, und hoffentlich ohne weitere Zwischenfälle, das Tagebuch weiter anschauen. „Ich esse später etwas“, erwiderte Louisa, denn sie war jetzt viel zu aufgeregt und wollte keine Zeit mehr verplempern.

„Super!“, rief Leopold begeistert. „Dann kann es ja losgehen.“ Und bevor Lisa etwas dagegen einwenden konnte, war Louisa schon zum Bücherregal gegangen, um sich das Tagebuch zu nehmen. Gemeinsam setzten sie sich neben Louisa, um zu sehen, was Alva wohl noch so alles geschrieben und gezeichnet hatte.

Louisa begann vorsichtig in dem Buch zu blättern. Dabei sahen sie viele verschiedene Zeichnungen von der Küste und der Landschaft Frankreichs. Daneben gab es auch wieder Abbildungen von den Menschen, die dort lebten, so wie Louisa es ihnen schon gestern beim Abendessen erzählt hatte. Nach ein paar Seiten folgten weitere Einträge und Lisa las ihrer Familie laut vor:

20.8.1870

Det är inte lätt, det finns sårade soldater här varje dag. Jag försöker hjälpa dem så mycket som möjligt. Men de medel jag har till mitt förfogande är begränsade. Jag delar ut mediciner på militärsjukhuset och försöker att trösta dem. Jag hoppas och ber så mycket att kriget snart ska upphöra.

Es ist nicht einfach, täglich gibt es hier neue verwundete Soldaten. Ich versuche, ihnen so gut wie möglich zu helfen. Doch die Mittel, die mir zur Verfügung stehen sind begrenzt. Ich verteile Medikamente im Lazarett und bemühe mich, ihnen Trost zu spenden. Ich hoffe und bete so sehr, dass der Krieg bald aufhört.

15.9.1870

Dagarna känns oändliga och sakta men säkert har jag ingen kraft längre. Min rädsla är för stor för att jag ska förlora Francis. Vi vill åka härifrån, men vi vet inte hur. Jag skulle gjärna vil vara med min familj nu. Jag saknar mina föräldrar och syskon så mycket.

Die Tage fühlen sich endlos an und so langsam habe ich keine Kraft mehr. Meine Angst ist zu groß, dass ich Francis verlieren könnte. Wir wollen hier weg, wissen aber noch nicht wie. Wie gerne wäre ich jetzt bei meiner Familie. Ich vermisse meine Eltern und meine Geschwister so sehr.

Marie blätterte weiter und Lisa versuchte, gleich beim Vorlesen, den Brief ins Deutsche zu übersetzen.

12.10.1870

Die Zeit drängt, wir müssen von hier fortgehen, die Lage wird immer schwieriger. Francis und ich bekommen ein Kind und wir müssen es schützen. Eine befreundete Familie hilft uns, mit einem Boot nach England zu kommen. Wir werden zunächst in London, und zwar in Notting Hill in der Park Road 25 unterkommen. Freunde von einem Soldaten, dem ich geholfen habe, wieder gesund zu werden, leben dort. Er will auch fliehen und wird uns dorthin begleiten. Anschließend wollen wir weiter nach Hamburg. Es ist zwar riskant, aber hier ist es für eine werdende Mutter zu gefährlich. Deshalb werden wir schon in drei Tagen aufbrechen, bevor die Reise zu beschwerlich für mich wird.

„Also, deshalb sind sie geflohen!“, sagte Marie aufgeregt. „Weshalb?“, fragte Louisa ganz in Gedanken versunken. „Na, weil sie schwanger war! Sie wollte ihr Kind nicht gefährden und vielleicht hatte sie auch Sorge, wie ihre Eltern auf so eine Nachricht reagieren würden. Immerhin waren sie da, soweit wir wissen, noch nicht verheiratet. Ich glaube, damals war eine solche Situation alles andere als einfach."

Lisa wollte gerade weiter vorlesen, da unterbrach Marie sie: „Moment!" „Was ist denn?", fragte Leopold genervt, denn er wollte unbedingt wissen, wie es jetzt weitergeht. „Wieso ziehen Alva und Francis, nachdem sie in London waren, weiter nach Hamburg, das macht doch gar keinen Sinn", stutzte sie. „Das ist wirklich merkwürdig", bestätigte Louisa den Einwand ihrer Schwester. „Sie wollten doch noch in die USA." „Was ist USA?", fragte ihr Bruder. „USA bedeutet United States of America." „Hä?", machte Leopold verwundert. „Amerika, Leo!", erklärte Marie genervt. „Ach so! Sag das doch gleich!"

Ihre Mutter dachte währenddessen laut nach: „Vielleicht wollten sie zu Alvas Tante Tilli und Onkel Friedrich, die in Hamburg lebten." „Du meinst, da wo Agnes eine Zeit lang gewohnt hat, um mit ihnen zusammen ihre Schwester Alva zu suchen?", fragte Louisa und schüttelte dabei ungläubig den Kopf. „Wäre es dann nicht sinnvoller gewesen, direkt nach Hamburg zu reisen und nicht zuerst nach England?" „Aber es war ja ein Krieg zwischen Deutschland und Frankreich. Vielleicht war es für einen französischen Soldaten nicht so einfach nach Deutschland zu reisen“, versuchte Marie zu erklären.

„Wie lange ging denn der Deutsch-Französische Krieg?“, wollte Louisa wissen. „Der müsste so bis Anfang 1871 gewesen sein“, sagte Richard und holte sein Handy aus der Hosentasche. „Ich lese es aber gerade mal nach. Also, hier steht: Offiziell endete der Krieg am 10. Mai 1871 mit dem Frieden von Frankfurt.“

„Was bedeutet denn jetzt offiziell?“, fragte Leopold. „Offiziell bedeutet so viel, als dass der Frieden dann auf einem Papier schriftlich bestätigt worden ist. Es kann aber auch sein, dass der Krieg schon etwas früher zu Ende war, nur hat es bis dahin noch keiner schwarz auf weiß bewiesen.“ Leopold nickte, sah aber dennoch etwas verwirrt aus.

„Vielleicht“, überlegte Louisa, „wollten sie nur nach England um erstmal in Sicherheit und weit weg von Deutschland und Frankreich zu sein.“ „Genau“, erwiderte Marie, „es kann doch sein, dass sie dort auf Agnes warten wollten, deshalb hatte Alva ihrer Schwester ja das Buch hinterlassen.“ „Aber“, wendete Leopold ein, „das hatte sie ja nie gefunden.“ „Trotzdem ist Agnes doch laut einer ihrer Briefe nach England zu ihrer Schwester gereist, nachdem sie die

Adresse in London herausgefunden hatte. Vielleicht wollten sie sich dann später wieder in Hamburg treffen", meinte Marie. „Und warum nicht Ystad in Schweden?", fragte Louisa verwundert. „Dort lebten doch ihre Eltern, ihr kleiner Bruder Max, ihre Freunde und ihre Tiere."

„Ich glaube, das werden wir im Moment nicht lösen können", sagte Richard. „Es kann ja auch sein, dass ich das damals falsch verstanden habe und dass sie gar nicht in die USA ausgewandert sind, es ist schon so lange her." „Nein!", protestierte Louisa. „Das glaube ich nicht. Auch Opi hat mir erzählt, dass Francis und Alva irgendwann geheiratet haben und zusammen in die USA ausgewandert sind. Deshalb leben doch auch Verwandte von Opi in Amerika."

Lisa legte nachdenklich den Kopf schief. „Mag sein, dann haben sie vielleicht ihre Pläne kurzfristig geändert. Ich gehe jetzt mal eine Runde mit Lotti raus, die schnüffelt schon die ganze Zeit den Fußboden ab." „Au ja!", rief Leopold. „Ich komme mit meinem Fahrrad mit."

Marie klappte das Buch zu, legte es auf den Wohnzimmertisch und ging in ihr Zimmer. Louisa folgte ihr. „Irgendwie ist das doch alles merkwürdig, findest du nicht Marie?" „Was meinst du?" „Na, dass sie nach Hamburg wollten, das macht doch wirklich keinen Sinn." Marie nahm ihr Tablet vom Schreibtisch und tippte Hamburg in die Suchmaschine. Dann guckte sie sich die dort angezeigten Ergebnisse an. Anschließend klickte sie auf ein Foto von Hamburg und zeigte es ihrer Schwester. „Aber schau mal, Hamburg ist doch wirklich schön! Vielleicht gefiel ihnen die Stadt einfach gut und immerhin hatten sie ja nette Verwandte dort.“ Louisa aber zog die Stirn kraus. Irgendwie ergab das für sie alles keinen Sinn.

„Wie wäre es, wenn wir uns ein bisschen ablenken“, sagte Marie. „Im Moment kommen wir ja eh nicht wirklich weiter“ und kramte ein Brettspiel aus ihrem Regal. Louisa nickte grübelnd vor sich hin. Die Geschichte von Alva ließ ihr einfach keine Ruhe.

Eine halbe Stunde später kam Leopold zusammen mit Lotti in Maries Zimmer. Anklopfen brauchte er nicht, denn man hörte ihn immer schon von weitem. „Seid ihr schon wieder zurück von eurem Ausflug?“, fragte Marie verwundert. Leopold legte den Kopf schief und antwortete schnippisch: „Wie du siehst, sind wir wieder da!“ Er setzte sich mit Lotti neben Marie. „Darf ich mitspielen?“ „Wenn es sein muss“, antwortete Louisa wenig freundlich. „Was ist denn mit dir los?“, fragte Leopold. „Louisa ist schlecht gelaunt, weil sie nicht akzeptieren kann, dass Alva nach Hamburg wollte und nicht nach Amerika“, erklärte Marie ihm. Leopold blickte Marie nachdenklich an. „Ich finde aber, dass sie irgendwie recht hat, für mich ergibt das auch keinen Sinn.“ Dann beugte er sich über das Spiel und rief auffordernd: „Ich fang an!“ Louisa verdrehte die Augen und gab ihm die Würfel.

Nach einiger Zeit hatten die drei keine Lust mehr und gingen zu ihren Eltern, die gemeinsam im Wohnzimmer saßen. „Was macht ihr da?“, fragte Leopold verwundert. Denn er sah, wie seine Eltern zusammen auf Richards Tablet schauten und laut diskutierten. Lisa blickte vom Tablet hoch. „Wir reden über die Herbstferien.“ „Ach ja?“, fragte Leopold hellhörig. „Und was genau?“ „Richard möchte gerne seinen Bruder Paul in New York besuchen.“ Louisas schlechte Laune wandelte sich urplötzlich und sie klatschte vor Freude in die Hände. „Habe ich da gerade richtig gehört? New York!?“, rief sie aufgeregt. Richard nickte. „Aber, es gibt ein Problem, eure Mutter will nicht fliegen.“ „Wegen der Umwelt?“, fragte Louisa. Denn das konnte sie gut nachvollziehen. „Das auch“, stammelte Lisa, „es ist nur...“. Richard unterbrach sie: „Aber ich möchte endlich mal meinen Bruder wiedersehen. Wir haben uns jetzt seit fast zwei Jahren nicht mehr gesehen.“ „Und wenn ihr allein fliegt?“, fragte Lisa zögernd. „Mama hat Flugangst“, erklärte Marie leise zu Louisa, „deshalb will sie nicht nach Amerika.“ „Ich kann doch hier bei Lotti und Lea bleiben“, schlug Lisa schon fast verzweifelt vor. „Nein, wenn dann fliegen wir alle zusammen“, sagte Richard. „Für die Tiere kann Christina bestimmt sorgen“, fügte er hinzu. „Also fliegen wir?“, hakte Leopold hoffnungsvoll nach. „Wir überlegen noch, Leo, ich muss deine Mutter aber erst davon überzeugen, dass Fliegen nicht gefährlich ist.“ „Außer für die Umwelt“, wandte Louisa ein. Ihr Vater lächelte. „Wir sagen euch schon noch rechtzeitig Bescheid.“ Marie flüsterte Leopold ins Ohr, so dass die anderen es nicht hören konnten: „Bis jetzt hat Papa es doch immer geschafft, Mama vom Fliegen zu überzeugen.“ „Das wäre so toll“, befand Leopold und sah hoffnungsvoll zu seinen beiden

Schwestern auf. „Wo liegt New York eigentlich genau?“, fragte er dann. Richard musste bei der Frage lachen. „Du möchtest unbedingt dorthin, obwohl du gar nicht weißt, wo es liegt?“ „Ganz genau!“, erwiderte Leopold und verschränkte dabei entschlossen die Arme.

Hamburg ist nicht gleich Hamburg

Marie stupste ihren Bruder an. „Komm mit in mein Zimmer Leo“, ich zeige es dir. Dort klappte Marie ihren Laptop auf und gab New York City in die Suchmaschine ein. Als sie die Bilder anklickte, staunte Leopold nicht schlecht. „Echt krass, wie groß die Häuser da sind und wie viele davon so dicht nebeneinanderstehen.“ „Lass uns mal auf der Karte nachsehen, wo New York genau ist.“ Die Karte öffnete sich und sie gab den Namen der Stadt ein. Marie deutete mit einem Finger auf den Bildschirm. „Schau mal Leo, da liegt New York. Die Stadt befindet sich an der Ostküste von Amerika, direkt am Hudson River.“ „Oh, so nah am Meer“, sagte Leopold, „das wusste ich gar nicht. Ich möchte das unbedingt Lulu zeigen“ und ging zur Tür. Kurze Zeit später kam er mit seiner Schwester im Schlepptau zurück. „Guck mal, Lulu, New York liegt sogar am Meer, das liebst du doch so.“ Das wollte Louisa lieber selbst überprüfen und betrachtete die Karte auf dem Laptop. Anschließend klickte sie die Bilder an, auf denen New York abgebildet war.

„Wahnsinn was das für eine riesige Stadt ist… und da wohnt Onkel Paul“, sagte sie ehrfürchtig.

„Ich glaube, ich ziehe später mal zu ihm. Das ist voll meine Stadt“, erklärte Marie. Louisa lachte. „Na, ob unser Onkel von der Idee genauso begeistert ist wie du? Der ist doch, soweit ich weiß, schon genügend mit unseren zwei kleinen Cousins und mit seinem Job beschäftigt.“

Marie holte tief Luft. „Ich kann ja dann auf die beiden aufpassen, wenn ich 18 bin.“ „Mach das“, sagte Louisa schnippisch. „Ich werde später bestimmt nicht in so einer verpesteten Großstadt leben.“ „Dann brauchst du ja auch gar nicht mitzufliegen“, konterte Marie sichtlich verärgert. „Doch, sehen möchte ich die Stadt auf jeden Fall mal und außerdem…“ „Jetzt hört doch mal auf, euch wieder so anzuzicken!“, unterbrach Leopold seine Schwestern genervt und fragte: „Wie weit ist Hamburg eigentlich von New York entfernt?“. Marie zuckte mit den Schultern. „Ich kann die beiden Städte im Internet eingeben und dann sehen wir es ja.“ Als sich die Karte auf ihrem Bildschirm öffnete, tippte sie unter *Start* Hamburg und dazu weiter unter der Rubrik *Ziel* New York ein .

Als Marie das Ergebnis der Route sah, starrte sie entgeistert auf den Laptop. „Das kann nicht sein!“, rief sie. „Was kann nicht sein?“, fragte Louisa ihre Schwester irritiert. „Hier steht, dass die Route mit dem Auto ungefähr

6 Stunden und 22 Minuten dauert und die Strecke insgesamt nur 590 Kilometer beträgt." „Das ist doch super!", meinte Leopold. „Dann müssen wir ja gar nicht fliegen, sondern können stattdessen erst mit dem Auto nach Hamburg und anschließend weiter nach New York fahren. Ich werde es gleich Mama erzählen" und wollte schon aus dem Zimmer stürmen.

„Halt! Stopp!", rief Marie. Leopold drehte sich zu ihr um. „Wieso denn nicht?" Marie schlug sich bei der Frage ihres Bruders mit der flachen Hand auf die Stirn. „Mensch, Leo, jetzt überleg doch mal!" Der aber verschränkte nur missmutig die Arme. „Du willst nur nicht kapieren, was ich entdeckt habe, nämlich, dass wir gar nicht mit dem Flugzeug nach New York fliegen müssen", schimpfte er. Jetzt musste seine Schwester lachen. „Du bist so gemein, Marie!", rief er und ballte seine Hände zu Fäusten. Louisa stellte sich schnell zwischen die beiden, bevor die Situation weiter eskalierte. „Marie will dir doch nur erklären, warum das nicht sein kann. Wir haben uns wahrscheinlich vertippt", sagte sie beschwichtigend.

Sie nahm seine Hand und zog ihn neben sich auf den Stuhl, wo sie ihm die Karte zeigte. „Schau mal, was Marie dir erklären will ist, dass zwischen Europa, also dem Kontinent, auf dem wir in Deutschland leben, und dem Kontinent

Amerika, wo sich New York befindet, der Atlantik liegt.“ Jetzt verstand Leopold gar nichts mehr. „Was ist denn der Atlantik schon wieder?“ „Der Atlantik wird auch Atlantischer Ozean genannt und ist das zweitgrößte Meer der Erde.“ „Ja, und?“, fragte er. „Tja, da kann man nicht einfach so mit dem Auto rüberfahren. Da braucht man entweder ein Schiff oder, wenn man nicht eine Woche unterwegs sein will, ein Flugzeug“, erklärte Louisa weiter. „Oha!“. „Gibt es denn dort keine Brücke?“ „Nein, Leo, eine so lange Brücke gibt es nicht.“ Leopold legte den Kopf schief. „Ich dachte, das wäre die berühmte Goldene Brücke?“, fragte er sichtlich enttäuscht. „Was für eine goldene Brücke?“, wollte Louisa wissen. „Ich glaube, er meint die Golden Gate Bridge“, sagte Marie. Leopold nickte. „Genau die! Papa hat mal erzählt, dass die mega groß ist und zwei Städte miteinander verbindet.“ Marie zögerte nicht lange und gab den Begriff „Golden Gate Bridge“ in die Suchmaschine ein. „Hier steht, dass die Brücke San Francisco mit Marin County verbindet und insgesamt 2737 Meter lang ist.“ „Siehst du!“, sagte er triumphierend zu Marie. „Ach, Leo, das ist zwar auch eine riesige Brücke, aber sie verbindet nicht Europa mit Amerika.“ „Wenn ihr meint“, erwiderte er schmollend.

Louisa hatte Mitleid mit ihm. „Komm Leo! Irgendetwas kann hier wirklich nicht stimmen, wir gucken uns nochmal genauer an, warum dort steht, dass Hamburg und New York nur ein paar Stunden Fahrtzeit auseinanderliegen."

Genau wie Marie zuvor, tippte sie die Route von Hamburg nach New York ein. Wieder waren es 590 Kilometer. „Das gibt es doch nicht! Wie oft sollen wir das denn noch eingeben?!", fluchte sie und fuhr auf dem Bildschirm mit dem Finger entlang der Linie, die von New York bis Hamburg führte. „Da steht eindeutig Hamburg!", rief sie auf einmal lauthals. Ihre Geschwister schauten irritiert zu ihr hinüber. „Das habe ich doch gleich gesagt", murmelte Leopold frustriert darüber, dass seine Schwestern ihn einfach nicht verstanden. Marie holte tief Luft und schaute es sich ebenfalls an. Doch es änderte sich nichts an dem Ergebnis, denn dort stand klar und deutlich H-A-M-B-U-R-G.

„Da muss irgendwo ein Fehler vorliegen", sagte Marie skeptisch. „Das glaube ich nicht", erwiderte ihre Schwester. „Ok, wie du meinst, dann lass uns die Strecke doch einmal auf einer anderen Karte im Internet überprüfen", schlug Marie vor. Nachdem sie abermals die Daten eingegeben hatte, stand auch auf dieser Karte, dass die Route von Hamburg nach New York ungefähr 6 Stunden und 22 Minuten betragen würde. Das Suchergebnis wollte sie jetzt schwarz auf weiß haben, denn ansonsten würde ihnen das mit Sicherheit keiner glauben.

Als Marie die Karte mit der Route ausdruckte, fiel diese auf den Boden. In Lichtgeschwindigkeit raste Lotti zu der Kopie und leckte sie ab. „Och Lotti!“, rief Louisa gereizt. „Was machst du denn da? Gleich ist die Kopie von deinem Sabber durchgeweicht und wir können nichts mehr darauf erkennen.“ Sie hob die Karte auf, sah auf den nassen Fleck und wunderte sich. Lotti hatte genau da wo Hamburg stand einen kleinen See mit Spucke hinterlassen. „Das ist bestimmt ein Zeichen“, dachte Louisa, denn sie war der festen Überzeugung, dass Lotti viel mehr verstand, als alle anderen sich vorstellen konnten. Die Menschen waren ihrer Meinung nach manchmal blind für Dinge, die sie nicht sofort verstanden oder wofür es keine eindeutige Erklärung gab.

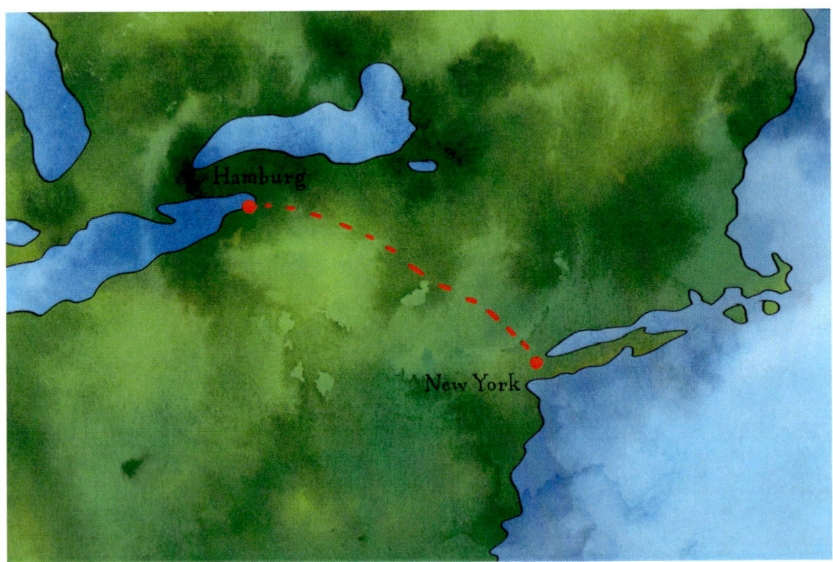

Da kam ihr plötzlich eine Idee. „Vielleicht gibt es in Amerika auch eine Stadt mit dem Namen Hamburg. Marie gib mal Hamburg in Amerika ein“, befahl sie ihrer Schwester. „Wie du meinst“, erwiderte diese und fing an zu tippen. Die drei starrten auf den Laptop und konnten kaum glauben, was sie dort sahen. Denn dort stand tatsächlich, dass es ganz in der Nähe der amerikanischen Stadt Buffalo eine Stadt mit dem Namen Hamburg gab. Marie las den anderen laut vor: „Hamburg ist eine Stadt in Amerika und gehört zum Staat New York.“

In Windeseile rasten sie einer nach dem anderen die Treppe hinunter, so dass Lotti vor Aufregung wie verrückt bellte. Lisa kam ihnen besorgt entgegengerannt. „Ist was passiert?“ „Nein, doch, ja“, stammelte Louisa. „Was denn jetzt?“, ihre Mutter zog die Stirn kraus. „Wusstest du, dass es noch eine Stadt mit dem Namen Hamburg gibt?“ Lisa schüttelte verwirrt den Kopf. „Was meinst du mit noch eine Stadt?“ „Was ist denn hier los?“, wollte Richard wissen, der gerade in den Flur kam. „Wir haben Hamburg entdeckt“, sagte Leopold aufgeregt. „Na, das wage ich aber zu bezweifeln, Leo.“ Amüsiert lächelte er seinen Sohn an. „Nee, wirklich!“, protestierte dieser. Marie versuchte es ihren Eltern zu erklären: „Also, wir haben im Internet geschaut, wo New York liegt und wie weit es von Hamburg entfernt ist. Da aber als

Ergebnis nur eine Fahrtzeit von ungefähr sechseinhalb Stunden herauskam, haben wir uns sehr gewundert und deshalb weiter nachgeforscht. Dabei kam dann heraus, dass es in Amerika auch eine Stadt mit dem Namen Hamburg gibt."

Während sich die anderen unterhielten, ging Louisa ins Wohnzimmer und setzte sich auf die Couch. Sie musste jetzt in Ruhe nachdenken. Sie nahm das Tagebuch von Alva zur Hand, welches immer noch auf dem Wohnzimmertisch lag. Ihre Mutter hatte über die gelesenen Einträge extra einen Zettel mit der deutschen Übersetzung geklebt.

Noch einmal las sie den Eintrag vom 12.10.1870 und überlegte. „Hmm, hier steht ja, dass Alva und Francis als erstes in Notting Hill in der Park Road 25 unterkommen und dann anschließend weiter nach Hamburg reisen wollten." Plötzlich ging ihr ein Licht auf. „Ich hab's!", rief sie ihrer Familie entgegen, die sich immer noch lauthals im Flur unterhielten. „Was hast du?", fragte Richard und ging mit den anderen zu ihr. „Es ist nicht Hamburg in Deutschland, wo Alva hingehen wollte, es ist Hamburg in Amerika!" Richard machte große Augen. „Das würde tatsächlich einen Sinn ergeben." Marie umarmte ihre Schwester bewundernd. „Darf ich vorstellen: Louisa Sherlock Lundberg." Ihre Eltern mussten lachen. Nur Leopold maulte. „Ich habe dafür Hamburg entdeckt." Sein

Vater tätschelte ihm am Arm. „Klar, Leo, du hast Hamburg entdeckt!“ Leopold strahlte, endlich hatten seine Eltern verstanden, dass er der beste Detektiv von allen war.

Marie ging mit ihrer Mutter in die Küche, wo sie zusammen das Mittagessen vorbereiteten. Sie machten eines ihrer Lieblingsessen, nämlich Gnocci mit Gemüse, das glücklicherweise auch die anderen mochten. Nachdem sie gegessen und sich ein wenig beruhigt hatten, fragte Richard, ob sie nicht Lust hätten, alle zusammen eine Radtour zu machen. Er meinte, die frische Luft würde ihnen bestimmt guttun. Louisa und Marie sahen ihn aber nur müde an. Sie waren viel zu vollgefuttert, um sich jetzt noch auf das Fahrrad zu schwingen und so schüttelten sie beide den Kopf. „Und was ist mit dir Leo? Du fährst doch immer gerne mit dem Fahrrad“, fragte Richard. „Klar, ich komme mit!“ Als Lotti das hörte stellte sie sich erwartungsvoll zu Richard. „Ja, Lotti, du bist natürlich auch dabei!“

Während ihr Vater mit Leopold und Lotti unterwegs war, fragte Louisa ihre Mutter, ob sie gleich zusammen noch etwas in Ruhe in dem Tagebuch von Alva lesen könnten. „Ach, das hattet ihr vor!“, zwinkerte sie ihrer Tochter zu. „Nein, wartet bitte auf die anderen, sonst ist Leo nachher noch beleidigt, dass ihr ihn nicht miteinbezogen habt.“ „Na gut, wenn es sein muss“, murmelte Louisa. Ihre Schwester hatte es sich währenddessen schon auf dem Sofa unter einer Decke gemütlich gemacht und malte auf ihrem Tablet. Louisa dagegen konnte einfach nicht abschalten, denn sie musste immer an das Schicksal von Alva denken. Sie fragte sich, ob Alva wirklich in der Stadt Hamburg in Amerika gelebt hatte und ob sie dort wohl glücklich gewesen war.

„Fliegen wir jetzt eigentlich nach New York?“, fragte sie ihre Mutter, die neben ihr saß und in einer Zeitschrift blätterte. Lisa lächelte schief. „Dazu kann ich noch nichts sagen.“ „Du kannst mir nichts vormachen! Wenn du so in dich hineinlächelst, fliegen wir, oder?“ Ihre Mutter antwortete nicht mehr auf die Frage und vergrub ihren Kopf jetzt noch tiefer in die Zeitschrift.

Als Richard und Leopold mit Lotti von ihrem Ausflug zurückkamen lief Louisa direkt zu ihrem Vater. „Papa, es ist so toll, dass wir nach New York fliegen.“ Richard ging ins Wohnzimmer und sah irritiert zu Lisa. „Wir wollten den Kindern das doch erst heute Abend erzählen!“, sagte er leicht vorwurfsvoll. „Psst“, machte diese und legte den Zeigefinger auf ihren Mund.

„Ich wusste es doch!“, sagte Louisa laut. „Wir fliegen also doch nach New York, Mama!“ Erst jetzt verstand ihr Vater und ließ die Schultern hängen. „Du hattest ihr noch gar nichts erzählt?“ Lisa schüttelte den Kopf und konnte sich ein Grinsen nicht verkneifen. „Nein, ich fürchte sie hat dich ausgetrickst.“ Er sah hinüber zu Louisa, die ihn triumphierend anlächelte. „Echt, wir fliegen nach New York?“, fragte Leopold, der vom Türrahmen aus alles mitangehört hatte. Lisa und Richard nickten. Marie sprang von der Couch auf. „Ich fang schonmal an zu packen.“

„Warte Marie, es gibt noch ein kleines Problem“, sagte ihr Vater. „Welches denn?“, fragte sie beunruhigt und setzte sich wieder hin. „Paul weiß noch nichts von seinem Glück. Ich hatte ihm zwar schon vor ein paar Wochen angedeutet, dass wir überlegen, ihn in den Herbstferien besuchen zu kommen, aber das war noch nicht fest, und irgendwie hatte ich es dann in dem ganzen Trubel wieder vergessen.“ „Oh Papa“, schnaubte Louisa, „du brauchst wirklich mehr To-Do-Listen.“ „Oder mehr Zeit“, fügte er hinzu. „Dann ruf doch jetzt direkt mal bei ihm an“, schlug Louisa ihm vor, woraufhin Richard auf seine Uhr schaute. „Wir haben 15.00 Uhr, das müsste sogar gehen.“ „Warum sollte es denn nicht gehen?“, fragte Leopold neugierig. „Wir leben in unterschiedlichen Zeitzonen“, erklärte Richard. „Hä?“, machte Leopold, und es ärgerte ihn, dass immer er es war, dem man so vieles erklären musste. „Warum war er bloß der Jüngste in der Familie?“, dachte er. „Das bedeutet, dass wir eine Zeitverschiebung von sechs Stunden haben, wenn es hier 15 Uhr ist, ist es in New York erst neun Uhr morgens", erklärte Richard ihm. Da Louisa das jetzt alles viel zu lange dauerte und sie nichts mehr dem Zufall überlassen wollte, brachte sie ihrem Vater das Telefon. „Bitteschön, Papa!" Richard seufzte. „Ok, ich ruf ja schon an."

Er hatte Glück, denn Paul ging schon nach dem zweiten Klingelton ans Telefon. Gebannt hörten sie zu, wie ihr Vater seinem Bruder erzählte, dass sie ihn, wie schon vor ein paar Wochen angedeutet, in den Herbstferien besuchen wollten. Als er nach zehn Minuten wieder auflegte, schauten ihn die Kinder erwartungsvoll an. „Und? Klappt es?", fragte Marie hoffnungsvoll. Richard nickte. „Puh, da bin ich aber froh", sagte Marie erleichtert. „Wir wären so oder so geflogen, denn ein bisschen Zeit würde Paul schon, nachdem wir ihn so lange nicht mehr gesehen haben, für uns aufbringen können, und außerdem haben wir es ja schon vor ein paar Wochen mit ihm besprochen. Er hätte sich schon rechtzeitig gemeldet, wenn es zeitlich gar nicht passen würde." „Es sei denn, er ist so vergesslich wie du", sagte Louisa grinsend.

„Wohnen wir dann auch bei Paul?", wollte Leopold wissen. „Ja, er hat gesagt, dass sein Appartement groß genug für uns alle sei. Er freut sich, da ihr dann mit euren Cousins endlich mal Zeit verbringen und ihm mit den beiden vielleicht sogar etwas helfen könnt. Seit sich seine Frau Carol von ihm getrennt hat, hat er ganz schön viel zu tun." „Wie heißen die beiden nochmal und wie alt sind sie?", fragte Leopold weiter. „Sie heißen Hudson und Robert." „Haben die den nach dem Hudson River benannt?", fragte Marie belustigt, denn sie hatte gesehen, dass New York am Hudson River liegt. „Gut möglich", erwiderte ihr Vater, „ehrlich gesagt, habe ich darüber aber noch gar nicht so nachgedacht."

Ihre Mutter wurde plötzlich ganz ernst: „Ich werde mit Papa heute Abend nach geeigneten Flügen suchen, aber das sollte kein Problem sein." „Arme Mama", dachte Louisa, denn ihre Mutter sah auf einmal ganz blass um die Nase aus.

Fragen über Fragen

„Da wir ja jetzt wissen, dass Alva aller Voraussicht nach die Stadt Hamburg in Amerika meinte, lasst uns doch noch ein bisschen in ihrem Tagebuch lesen. Später habe ich dafür nämlich keine Zeit mehr“, lenkte Lisa geschickt vom Thema Fliegen ab. „Der Meinung bin ich auch“, sagte Louisa, wobei sie ihre blonden Haare entschlossen zurückwarf. „Sonst müssen wir die Einträge nachher wieder mühsam ohne Mama mit Hilfe des Internets übersetzen.“

„Einverstanden“, sagte Leopold und trank noch sein Glas Apfelsaft in einem Zug aus. Das Fahrradfahren hatte ihn ziemlich durstig gemacht. Marie, die das Packen jetzt erstmal auf später verschob, nahm das Buch vom Tisch und gab es Lisa.

Gemeinsam lasen sie die einzelnen, sorgfältig mit einem Füllfederhalter zu Papier gebrachten Eintragungen. Dabei stellte sich immer mehr heraus, wie sehr Alva und die Dorfbewohner um sie herum unter dem Krieg gelitten haben. Die Unterstützung der Menschen untereinander schien allerdings sehr groß, was ihnen Kraft gab. Alva vermisste ihre Familie sehr und fragte sich, wie groß ihr kleiner

Bruder Max wohl mittlerweile sein mochte. Die Kinder wurden bei dem, was ihre Mutter alles vorlas ganz nachdenklich. Denn sie fanden es schrecklich, dass es auch heute noch Kriege gab, so wie der Krieg, der gerade in Europa herrschte, nur zwei Flugstunden von Berlin entfernt. Es muss so furchtbar sein, was die Menschen damals und heute durchgemacht haben. So wussten sie nicht, ob sie am nächsten Tag genügend zu essen haben würden und ob sie ihre Familien jemals wieder sehen würden. Das Einzige was ihnen über den Tag half waren der Zusammenhalt, die Liebe und die Hoffnung. „Sind überhaupt Liebe und Hoffnung nicht das Wichtigste, das man im Leben braucht?“, fragte sich Louisa.

Ihre Mutter riss sie aus ihren Gedanken. „Hier ist ein weiterer Eintrag, der etwas über ihre geplante Flucht erzählt“, sagte sie und fing sogleich an zu übersetzen:

25.10.1870

Liebe Agnes,

es ist jetzt so weit. Ich hoffe sehr, dass wir uns bald wiedersehen. Morgen werden Francis und ich in aller Frühe mit Maxime (so heißt der Soldat, der uns begleitet) aufbrechen. Ich habe dir meine *gesammelten Münzen zu dem Tagebuch gelegt. Es sind Erinnerungen von meinen Reisen, aber auch Geschenke von Freunden aus dem Dorf. Vielleicht können sie euch eines Tages einmal nützlich sein.*

„Wieso hat der Soldat, der Alva und Francis geholfen hat, eigentlich einen Mädchennamen?“, fragte Leopold. „Vielleicht hätten seine Eltern lieber ein Mädchen gehabt und haben ihn deshalb Maxime genannt“, erklärte Louisa belustigt. „So ein Unsinn“, sagte Richard. „Den Namen Maxime kann man sowohl als Mädchen-, wie auch als Jungennamen verwenden. Ich glaube in Deutschland wird dann aber in der männlichen Version kein e drangehängt. In Frankreich ist es dagegen trotz des e‘s ein Jungenname.“ „Ach so“, murmelte Leopold, den das schon gar nicht mehr sonderlich interessierte.

Lisa blätterte weiter in dem Tagebuch und entdeckte zwei merkwürdige Zeichnungen. Auf der oberen sah man den Grundriss eines Gebäudekomplexes, bestehend aus drei zusammenhängenden Häusern. Es wirkte insgesamt wie ein großes U. Auf der zweiten Abbildung, unterhalb der ersten Zeichnung, war ein Hof von vorne oder von hinten erkennbar, je nachdem aus welchem Blickwinkel man es betrachtete. Darauf war ein großes längliches Gebäude abgebildet. Links und rechts davon liefen Pferde, Ziegen, Schweine, Schafe und Hühner herum. Sie konnten nur staunen, wie gut Alva diese Tiere mit dem Zeichenstift erfasst hatte. Um die Gebäude herum waren überall hohe Bäume gezeichnet, und etwas links davon durchzog ein großer See die bäuerliche Landschaft. Es wirkte fast so, als wenn sich das Anwesen inmitten eines Waldes befinden würde.

„Was bedeuten die Zeichnungen?“, fragte Louisa neugierig. Ihre Mutter zuckte ahnungslos mit den Schultern. Marie sah sich das Bild noch einmal von der Nähe aus an. „Seht doch mal, unter der einen Zeichnung steht ganz klein etwas geschrieben." „Oh je, da brauch ich ja eine Lupe, um das erkennen zu können", seufzte Lisa. Aber am Ende bekamen sie es mit zusammengekniffenen Augen doch noch hin:

So wird mein Hof in Hamburg später einmal aussehen. Mein Traum ist es, dort eine Schule im Wald mit vielen Tieren zu gründen, ähnlich wie wir es zu Hause in Ystad hatten.

Als Louisa das hörte sagte sie sehnsüchtig: „Auf so eine Schule würde ich auch gerne gehen, denn das ist doch tausendmal besser als unsere von Straßen umgebenen Schulgebäude mit ihren zubetonierten Pausenhöfen." Marie nickte. „Da lässt es sich bestimmt viel leichter lernen. Meint ihr, sie hat sich ihren Traum erfüllen können?" „Ich habe keine Ahnung", erwiderte ihre Mutter, „Ich kann aber mal Opi fragen, ob er Kenntnis darüber hat. Aber soweit mir bekannt ist, wissen wir noch nicht einmal wie Francis mit Nachnamen hieß. Und früher hat die Frau bei einer Heirat immer den Namen des Mannes angenommen. Dass man, wie heute, darüber frei entscheiden darf, war früher undenkbar. Und da wir den Nachnamen nicht kennen, wird es natürlich sehr schwer bis unmöglich sein, diese Schule zu finden. Zudem wissen wir weder, ob diese Schule mitsamt Hof jemals gegründet worden ist, noch ob das Gelände überhaupt noch existiert."

„Aber wenn wir in New York sind, können wir von dort aus vielleicht auch noch nach Hamburg, oder?", Louisa guckte ihren Vater mit erwartungsvollen Augen an. „Ich dachte, das sind fast sechseinhalb Stunden Autofahrt?", erwiderte dieser leicht angestrengt. Lisa sah Richard aufmunternd an. „Wenn ich den Flug schaffe, dann können wir auch noch mit dem Auto nach Hamburg fahren. Vielleicht kann uns Paul ja dabei begleiten. Wer weiß, was wir dabei so alles herausfinden." Lotti jaulte plötzlich leise vor sich hin. Als Louisa das hörte, kniete sie sich zu ihr auf den Boden und kraulte ihr den Kopf. „Ich glaube nicht, dass du mitkommen kannst, Lotti, das wäre viel zu anstrengend für dich." Der kleine Hund ließ traurig seine Ohren hängen, und als Louisa das bemerkte, flüsterte sie: „Du hast uns wirklich schon so oft geholfen, Lotti! Aber jetzt bin ich der Meinung, dass es dir bei Omi deutlich besser gehen wird, als es viele Stunden in einem Flugzeug auszuhalten, um dann anschließend in einem New Yorker Appartement ohne Garten leben zu müssen." Doch Lotti vergrub, wie sie es oft machte, wenn sie beleidigt war, wiederum nur die Schnauze tief unter ihren Pfoten.

„Mit eurer Omi habe ich übrigens schon geredet“, sagte Lisa. „Sie nimmt Lotti zu sich und versorgt Lea, die Kaninchen und die Hühner dann bei uns.“ Leopold horchte bei dem Thema ”Tiere“ auf. „Was ist eigentlich mit Oda?“ „Ach ja“, dachte Louisa, „da war ja noch das ausgebüchste Huhn.“ „Herr Bärenfänger hat, wie versprochen, heute Morgen bei euren Großeltern angerufen und erzählt, dass Oda seit der Früh dem Hahn Otto nicht von der Seite gewichen ist. Da Herr Bärenfänger meinte, man dürfe der Liebe nicht im Wege stehen, würde er sie gerne dauerhaft bei sich aufnehmen. Christina war dann schließlich auch der Meinung, dass Oda besser dort bleiben sollte. Herr Bärenfänger hat zudem gesagt, dass ihr jederzeit eingeladen seid, ihn und seine Hühner zu besuchen.“

„Wie schön!“, sagte Marie und lächelte erfreut darüber, dass Oda bei ihrem neuen Freund bleiben durfte. „Dann kann ich ja jetzt endlich packen gehen.“ „Mach das, Marie, aber beschwer dich hinterher nicht, wenn du eine Woche lang nichts mehr zum Anziehen hast“, sagte ihre Mutter. Marie aber winkte nur mit den Händen ab.

Abends suchte Richard nach geeigneten Flügen von Frankfurt nach New York. „Ist das aufregend“, dachte Louisa, „bald fliegen wir wirklich nach Amerika.“ Sie ging zu ihrem Vater ins Arbeitszimmer. „Sag mal, Papa, was macht Paul eigentlich in New York?“ „Er arbeitet dort als Anwalt für Strafrecht. Das bedeutet, er vertritt die Menschen, die sich nicht an die Gesetze gehalten haben oder schlecht behandelt wurden.“ Louisa legte den Kopf schief. „Aber ist das nicht merkwürdig? Gesetze sind doch eigentlich dafür da, dass man sie einhält?“ „Schon, aber manchmal ist die Grenze zwischen Recht und Unrecht unklar oder man gerät unschuldig in eine Situation, aus der man von alleine nicht mehr herauskommt. Es kann aber auch sein, dass jemand zu Unrecht beschuldigt wird.“ „Und Paul hilft ihnen dann?“ „Ja genau, aber er macht auch noch viele andere Dinge.“

„Und warum lebt er in New York?“, fragte sie neugierig weiter. „Paul hatte ein Jahr an der Universität in New York, an der NYU, studiert. Dort hat er Carol kennengelernt, welche gebürtig aus New York ist und ebenfalls an der NYU studiert hat. Als er wieder nach Deutschland musste, hat er sie sehr vermisst. Sie wollte nicht nach Deutschland, aber er hat sich in Amerika sehr wohl gefühlt und viele neue Freundschaften geknüpft. Und so ist er dann nach New York zurückgekehrt, um dort ganz zu bleiben.“

„Das verstehe ich, aber warum sind sie dann nicht mehr zusammen? Sie haben sich doch wohl mal sehr gerne gehabt?“ Richard überlegte, was er sagen sollte. „Ja, das stimmt, aber sie haben sich kaum noch gesehen. Carol arbeitet ja als Ärztin und wenn Paul spät abends aus der Kanzlei nach Hause gekommen ist, musste Carol oft schon wieder zurück ins Krankenhaus. Auf diese Weise konnten sie sich zwar jeweils um Hudson und Robert kümmern, aber dadurch hatten sie, glaube ich, einfach keine Zeit mehr füreinander.“ „Hmm, das ist schade“, sagte sie. Ihr Vater sah sie bei diesen Worten nachdenklich an. „Aber die Hauptsache ist doch, dass die beiden für die Jungs da sind.“ Louisa nickte. „Erwachsene sind schon irgendwie komisch und kompliziert“, überlegte sie und ging in ihr Zimmer.

Beim Abendessen erzählte Richard, dass er Flüge für fünf Personen von Frankfurt nach New York und wieder zurück gebucht hatte. Zwar wären die Flughäfen in Düsseldorf oder Köln von Aachen aus für sie näher gewesen, aber Richard wollte einen Direktflug buchen, so dass sie nicht zwischenlanden mussten. In einer Woche sollte es losgehen und alle freuten sich schon riesig. Nur Lisa und Lotti waren auffällig still.

Es geht los!

Die Woche verging rasend schnell. In der Zwischenzeit versuchten die Geschwister, im Internet etwas über die Schulen im Umkreis von New York herauszufinden, was irgendwie auf Alva hindeuten könnte. Immerhin hatten sie ja bereits herausbekommen, dass Hamburg sogar noch zum Staat New York gehört. Doch leider gab es dort zum einen sehr viele verschiedene Schulen, zum anderen hatten die meisten davon auf der Website nichts über den geschichtlichen Hintergrund der einzelnen Schulen vermerkt. Manche von ihnen waren eher städtisch, andere dagegen ländlich gelegen. Einige Schulen waren öffentliche Schulen und andere wiederum private. Es half alles nichts, sie mussten sich wohl oder übel gedulden, bis sie vor Ort waren und hoffen, dass sie dort fündig werden würden. Selbst die Namen der Schulen gaben ihnen keinen Aufschluss.

Sie hatten vor ihrer Reise noch einige Vorbereitungen zu treffen, denn die Zimmer mussten noch aufgeräumt und die Tierställe gereinigt werden. Außerdem musste eine Liste für ihre Großmutter geschrieben werden, damit sie wusste, was sie alles in ihrer Abwesenheit zu beachten hatte. „Arme Omi", dachte Marie, denn die Liste war vier Seiten lang, weil Louisa wirklich jede Kleinigkeit aufgeschrieben hatte. „Das sind ja die reinsten Gebrauchsanweisungen für unsere Tiere und Pflanzen, da kann ja eigentlich gar nichts mehr schiefgehen", sagte Lisa als sie die Liste begutachtete. „Genau!", bestätigte Louisa und strahlte zufrieden. „So ist sie auf jeden Fall auf alles vorbereitet."

Schließlich kam der Tag des Abflugs. Sie brachten Lotti nachmittags zu den Großeltern und fuhren ganz früh am nächsten Morgen mit der Bahn zum Flughafen nach Frankfurt. Der Abschied von Lotti fiel ihnen besonders schwer. Doch diese wurde von ihrer Großmutter direkt mit einem Leckerchen abgelenkt. Christina hatte ihnen versprochen, dass sie zusammen mit Lotti, Herrn Bärenfänger und Huhn Oda besuchen würde, während sie in New York waren. „Das wird ihn bestimmt freuen", hatte Christina gemeint, „er ist ja wohl ziemlich einsam." Die drei nahmen sich fest vor, direkt bei Herrn Bärenfänger vorbeizuschauen, wenn sie wieder zurück waren. Louisa hatte die Idee, ihm etwas Schönes aus New York mitzubringen.

So traten sie mit einem rundherum guten Gefühl die lange Reise an. Nach ungefähr zwei Stunden Zugfahrt standen sie mit ihrem ganzen Gepäck am Check-in-Schalter des Flughafens Frankfurt. „Ui, ist das riesig hier!", staunte Leopold ehrfürchtig. Er blickte sich unruhig um und hielt Ausschau nach seiner Mutter. Bei diesen Menschenmassen konnte er sie aber weit und breit nicht finden. Nervös zupfte er Richard, der vor ihm stand, am Ärmel. „Wo ist Mama?“, fragte Leopold verunsichert. Sein Vater schaute sich überrascht um. „Eben saß sie doch noch hier“, sagte er verwundert und fuhr sich nervös mit der Hand durch die Haare. „Marie kannst du mal den Gang ablaufen und gucken, ob du Lisa siehst? Aber nimm bitte dein Handy mit und präg dir die Nummer vom Schalter ein.“ Marie nickte, sah auf den Schalter und merkte sich die Zahl 102. Als sie gerade losgehen wollte, rief Louisa: „Ich komme mit!“ und griff nach der Hand ihrer Schwester.

Leopold musste bei Richard stehen bleiben, denn sein Vater wollte nicht, dass er auch noch verschwand. Gemeinsam gingen Marie und Louisa den großen Flur des Flughafengebäudes entlang. Es war wahnsinnig schwer den Überblick zu behalten. Denn es herrschte einfach viel zu viel Gewusel an Menschen und Geräuschen. „Kannst du sie irgendwo entdecken?“, fragte Marie ihre Schwester. Doch diese schüttelte nur den Kopf. „Versuch doch mal, sie auf dem Handy anzurufen.“ „Gute Idee“, erwiderte Marie, holte ihr Handy aus der Hosentasche und tippte auf die eingespeicherte Nummer ihrer Mutter. Doch es meldete sich nur die

Mailbox: „Lisa Lundberg hier, bitte hinterlassen sie eine Nachricht.“ „Na, prima!“, fluchte Marie. „Wofür hat sie das Ding eigentlich, wenn sie nicht rangeht.“ Sie gingen zweimal den Flur auf und ab und schauten auch in den Restaurants und Läden des Flughafens nach, aber Lisa war wie vom Erdboden verschluckt.

Nachdem einige Minuten vergangen waren, entschlossen sie sich, wieder zu ihrem Vater und zu Leopold zurückzugehen. Dort angekommen, erzählten sie von ihrem erfolglosen Versuch, Lisa zu finden. „So was Blödes aber auch!“, fluchte Richard und war dabei, sein Handy aus der Tasche zu holen. „Falls du sie anrufen möchtest, das habe ich auch schon ausprobiert, es geht nur ihre Mailbox an“, sagte Marie. Er zögerte einen Moment, rief sie dann aber trotzdem an. „Mailbox!“, murmelte er resigniert. „Das habe ich dir doch gesagt, Papa!“, seufzte Marie und verdrehte die Augen. Ihr Vater wurde zunehmend nervöser. „Jetzt stehen wir schon so weit vorne in der Reihe und bald ist die Check-in Zeit vorbei.“ Er schaute sich noch einmal ganz genau um und trat dann mit den Kindern aus der Schlange heraus, denn er wollte die drei auf keinen Fall dort allein stehen lassen. „Ich hoffe, wir verpassen jetzt nicht das Flugzeug“, sagte er verärgert.

„Und was jetzt?“, fragte Louisa verzweifelt. Da kam Leopold eine Idee: „Ihr habt doch immer gesagt, wenn ihr mich mal im Kaufhaus nicht wiederfinden solltet, würdet ihr mich ausrufen lassen. Können wir das gleiche nicht bei Mama machen?“ „Das ist eine prima Idee“, sagte Richard begeistert und ging zu dem Schalter nebenan, an dem gerade niemand anstand. Er redete mit der Dame, die dort saß. Kurze Zeit später kam folgende Durchsage:

Achtung! Achtung! Lisa Lundberg wird vermisst,
bitte am Schalter 102 melden.

Und nochmal:

Achtung! Achtung! Lisa Lundberg wird vermisst,
bitte am Schalter 102 melden!

Richard stand vor dem Schalter und sah angespannt auf die Uhr. „Noch zehn Minuten bis zum Check-in.“ „Vielleicht hat Mama Angst bekommen und es sich anders überlegt. Kann doch sein, dass sie bereits auf dem Weg nach Hause ist“, sagte Marie. „Nein, das glaube ich nicht“, erwiderte Leopold flüsternd zu seiner Schwester, „sie würde uns doch hier nicht alleine stehen lassen.“

Gerade als sie wieder zurück an ihrem Abflugschalter mit der Nummer 102 standen, um dort auf Lisa zu warten, tippte eine kleine ältere Frau mit weißen Haaren und blauen Augen Richard auf die Schulter. Sie ging sehr gebeugt und zog einen großen, voll beladenen Putzwagen hinter sich her. Louisas Herz wurde bei dem Anblick ganz schwer. „Habe ich richtig gesehen, dass Sie eben die Durchsage haben machen lassen?“ Richard nickte. „Ja genau, wieso fragen Sie?“ „Ich habe vor ein paar Minuten die Damentoilette dort drüben am Ende des Ganges sauber gemacht. Dort fiel mir eine blonde Frau mit einer dunkelblauen Jacke auf, die nervös und ganz blass an eine Wand gelehnt war. Sie stand da eine ganze Weile und rührte sich nicht. Ich habe sie gefragt, ob alles in Ordnung mit ihr wäre, aber sie sagte, es würde schon gehen. Es ist nur so ein Gedanke, aber vielleicht ist es ja die Person, die Sie suchen.“ „Das muss Mama sein!“, rief Louisa aufgeregt. Sie bedankte sich noch schnell und lief von den anderen weg, in Richtung der von der alten Frau beschriebenen Damentoilette. „Ich bin Ihnen sehr dankbar“, sagte Richard und hatte seine liebe Mühe mit den ganzen Koffern und den beiden anderen Kindern hinterher zu kommen.

„Nicht, dass wir Louisa jetzt auch noch aus den Augen verlieren. Ein Sack Flöhe ist dagegen ja nichts“, dachte er und war schon total am Ende mit den Nerven. Als er mit Schwung die Toilettentür aufmachte, sah er eine sehr blasse Lisa, die immer noch starr an der Wand lehnte. Louisa war schon bei ihr und umarmte sie. Sie hörten, wie Louisa auf ihre Mutter einredete. „Mama, ganz ehrlich, du sagst mir immer, man muss sich seinen Ängsten stellen. Und was machst du jetzt? Ein schönes Vorbild bist du!“, schimpfte sie scherzhaft und drückte ihre Mutter dabei noch fester.

Erst jetzt bemerkte Lisa, dass auch der Rest der Familie vor ihr stand. Sie blickte hilflos in die besorgten Gesichter ihrer Familie und sah einen absolut verzweifelten Richard. „Ihr habt ja recht, aber irgendwie ist mir gar nicht wohl bei der Sache.“ Leopold zog an ihrer Jacke. „Komm, Mama, es wird alles gut, du wirst schon sehen.“

Bereitwillig ließ sie sich von ihm aus dem Toilettenraum ziehen. „Dich kann man aber auch nicht aus den Augen lassen“, sagte Richard gespielt scherzhaft zu Lisa und versuchte sie aufzuheitern. „Ich brauchte nur ein bisschen Zeit, mir geht es gut“, erklärte sie. Marie sah sie skeptisch an. „Von wegen, es geht dir gut! Wir haben dich sogar ausrufen lassen Mama.“ „Genau!“, sagte Leopold. „Und es war meine Idee.“ „Hast du das denn nicht mitbekommen?“, fragte Marie verwundert. Lisa schüttelte ermattet den Kopf. „Geht es wirklich?“, fragte Richard. „Sonst müssen wir halt hierbleiben oder ich fliege doch allein mit den Kindern nach New York.“ Lisa guckte in die verunsicherten Augen ihrer Kinder, dann gab sie sich einen Ruck. „Nein, ich werde das schaffen!“ „Ok“, sagte Richard, „aber diesmal nehme ich dich zur Sicherheit an meine Hand.“ Sie nickte und trottete Richard wie ein Kind hinterher. Sie schafften es gerade noch in allerletzter Minute zum Schalter. Immerhin war jetzt alles leer und so kamen sie direkt dran.

Als sie endlich im Flugzeug saßen, kam langsam wieder Farbe in Lisas Gesicht. Am Fenster neben ihr saß Leopold und hielt ihr die Hand. Der andere Platz neben Lisa war frei. Das war schön, denn so war es möglich während des Fluges auch mal untereinander die Plätze zu tauschen. „Ich glaube, sie hat sich jetzt mit der Situation abgefunden", dachte Louisa, die ihre Mutter von ihrem Sitz aus beobachtete. „Andererseits bleibt ihr jetzt aber auch nichts anderes mehr übrig. Immerhin würden sie nun etwa achteinhalb Stunden lang, nach New York fliegen. Jetzt verstehe ich auch, warum Papa keinen Zwischenstopp haben wollte. Das hätte man Mama nun wirklich nicht antun können." Neben Louisa am Fenster saß Marie und Richard hatte seinen Platz gleich am Gang.

Nach dem Start, bei dem Lisa die Augen geschlossen hatte und Leopold ihr immer noch ganz fest die Hand hielt, dauerte es nicht lange, bis Lisa eingeschlafen war. Richard schlummerte bereits, seit das Flugzeug auf das Rollfeld gefahren war. Auch die drei Geschwister waren irgendwann so müde, dass sie ihre Augen nicht mehr lange offenhalten konnten.

Plötzlich wurde Louisa von einer freundlichen Stimme geweckt. Eine Durchsage ertönte:

Meine Damen und Herren! In wenigen Minuten beginnen wir mit unserem Landeanflug auf den John F. Kennedy International Airport New York. Wir bitten Sie nun, sich wieder hinzusetzen und sich anzuschnallen. Bitte schalten Sie auch ihre elektronischen Geräte aus. Vielen Dank!

Und dann die gleiche Durchsage nochmal auf Englisch. Sie konnte es gar nicht fassen, dass sie bereits im Landeanflug waren. Vorsichtig beugte sie sich über Marie und zog das Rollo des kleinen Fensters ein bisschen höher. Und tatsächlich, die Sonne stand hell am Himmel und schien durch das Fenster. Sie staunte über die riesigen Wolkenkratzer und wurde von Minute zu Minute immer aufgeregter. „Das müssen ja tausende von Hochhäusern sein. Das ist also New York“, dachte Louisa. Als sie sich zu ihrer Familie umdrehte, sah sie, dass nicht nur Marie schlief, sondern auch alle anderen noch die Augen geschlossen hatten. Das Flugzeug ging immer weiter nach unten und Louisa hatte mit starkem Ohrendruck zu kämpfen. Plötzlich verfluchte sie es, dass sie durch die Ansage aufgewacht war, denn wenn sie einfach weitergeschlafen hätte, wäre ihr dieser blöde Ohrendruck erspart geblieben. Sie setzte sich ihre Kopfhörer auf und hoffte, dass sie damit ihre Ohren ein bisschen besser schützen könnte. „Andererseits“ dachte sie, und blickte dabei aus dem Fenster, „entgeht den anderen dieser wunderschöne Ausblick.“ Sie schaute auf die Uhrzeit, die der Bildschirm im Flugzeug anzeigte. Es war 11.24 Uhr in New York. Dann sah sie auf ihre Armbanduhr und stellte fest, dass es zu Hause bereits 17.24 Uhr war.

Nach ungefähr 30 Minuten setzte das Flugzeug mit einem kräftigen Gerumpel auf dem Boden auf. „Gut, dass Mama davon nichts mitbekommen hat“, murmelte Louisa leise zu Marie, denn ihre Schwester war nun endlich auch wach geworden. Kurz darauf kam eine weitere Durchsage:

Meine Damen und Herren, wir sind soeben am John F. Kennedy International Airport gelandet. Wir hoffen, Ihnen hat der Flug mit uns gefallen und Sie hatten einen angenehmen Aufenthalt.

Lisa machte plötzlich ganz erschreckt die Augen auf und rief lauthals: „Sind wir schon da? Wir sind doch gerade erst losgeflogen?“ Jetzt waren wirklich alle Passagiere im Flugzeug hellwach. „Juchhu, wir sind da, wir sind da!“, rief Leopold vollkommen außer sich vor Freude und sprang vom Sitz.

„Wir müssen warten Leo, bis die Passagiere vor uns aufgestanden sind“, erklärte Lisa. Leopold verdrehte die Augen und setzte sich wieder zurück auf seinen Platz. Als sie dann endlich an der Reihe waren, holten sie ihr Handgepäck aus den Fächern über ihren Sitzen und gingen über die herausgelassene Gangway aus dem Flugzeug hinein in das Terminal. „Wir warten jetzt noch bis unser Gepäck auf dem Laufband ist und gucken dann am Ausgang, ob wir Paul sehen. Leopold staunte über die große Flagge, die ganz oben in der Halle hing. Sie war rot-weiß gestreift und an einer Ecke waren fünfzig weiße Sterne auf blauem Untergrund abgebildet. „Wahnsinn, wir sind in Amerika!“, dachte er ehrfürchtig.

Dann ging sein Blick zum Gepäckband und als er als erster die Koffer der Familie anrollen sah, schmiss er sich mit einem Satz auf das Transportband und versuchte, es mit seinen Händen anzuhalten. „Mensch, Leo!“, rief Lisa erschrocken und zog ihn mit einem beherzten Griff an der Jacke vom Gepäckband. „So was darfst du nicht machen, das kann auch gefährlich werden.“ „Ich wollte doch nur unsere Koffer holen“, widersprach er trotzig und verschränkte dabei die Arme. „Oh, das Gepäck“, dachte Lisa, denn das hatte sie jetzt ganz aus den Augen gelassen und sah besorgt zum Band hin. Doch Richard und die Mädchen hatten bereits alle Koffer geholt. „Puh“, keuchte Lisa, „das ist ja gerade nochmal gut gegangen.“

Sie gingen zum Ausgang des Terminals und Richard hielt konzentriert nach seinem Bruder Ausschau. „Sieht Paul eigentlich noch genauso aus wie früher, als wir ihn das letzte Mal gesehen haben?“, fragte Marie, die sich ebenfalls suchend umsah. Richard nickte. „Ich denke schon, auch wenn ich ihn selbst schon seit fast zwei Jahren nicht mehr gesehen habe.“ „Oh, das ist eine lange Zeit“, überlegte Marie. „Aber der kleine Robert ist doch erst eineinhalb Jahre alt, das heißt du kennst ihn noch gar nicht?“, fragte sie ungläubig. Richard schüttelte den Kopf. „Bisher kenne ich ihn nur von Fotos.“ „Verstehen unsere Cousins uns eigentlich oder müssen wir Englisch mit ihnen reden?“, fragte Marie. „Paul redet mit den beiden immer Deutsch, damit sie zweisprachig aufwachsen, das sollte also kein Problem sein“, erklärte ihr Vater. „Ich bin so gespannt, Papa, das kannst du dir gar nicht vorstellen.“ Richard lächelte zwar, aber Louisa fand, dass er dabei ein bisschen angestrengt wirkte. „Wahrscheinlich, weil von Paul immer noch weit und breit nichts zu sehen war.“

Richard rief bei seinem Bruder auf dem Handy an, konnte ihn aber nicht erreichen. Gerade als sie überlegt hatten ein Taxi zu nehmen und schon nach ihren Koffern griffen, hörten sie ein ohrenbetäubendes Kindergeschrei in der Flughafenhalle. Abrupt drehten sie sich zu der Geräuschquelle um und sahen einen Mann um die 30, der mit seinen Nerven ziemlich am Ende zu sein schien. Die Krawatte des Mannes hing schräg über seiner Schulter und sein weißes Hemd war übersäht mit Flecken. An der einen Hand hielt er einen vierjährigen schreienden und tobenden Jungen. Mit der anderen Hand schob er einen Buggy mit einem Kleinkind vor sich her. Dieses spuckte immer wieder seinen Schnuller aus und weinte anschließend so lange, bis er von Paul wieder aufgehoben wurde. „Ist das etwa unser Onkel?“, fragte Marie entsetzt. Und Louisa murmelte: „Das kann ja heiter werden.“ „Ja“, sagte Richard und schmunzelte, „das ist Paul oder das was noch von ihm übriggeblieben ist.“ Als Leopold das hörte raste er auf Paul zu und umarmte dessen Beine so fest, dass dieser kurz davor war den Halt zu verlieren und der Länge nach auf den Boden zu fallen drohte. In letzter Sekunde schaffte er es aber das Gleichgewicht wieder herzustellen. Marie musste lachen. „Der arme Kerl, jetzt hat er noch einen dritten Quälgeist hinzubekommen."

Lisa ging zu ihm und umarmte ihn. „Hallo Paul! Zu fragen, wie es dir geht erübrigt sich wohl, oder?" Paul schüttelte den Kopf. „Frag besser nicht." Sie kniete sich zu dem Jungen hinunter und hielt ihm ihre Hand entgegen. „Du bist bestimmt der kleine Hudson. Ich bin Lisa, du kannst dich sicher nicht mehr an mich erinnern." Der Junge lächelte erfreut und gab ihr seine kleine verschmierte Hand. Auch Richard umarmte seinen Bruder. „Schön, dich zu sehen! Es ist schon viel zu viel Zeit vergangen, seit wir uns das letzte Mal gesehen haben." Paul nickte. „Leider hatte ich überhaupt keine Zeit mehr, seit Carol und ich uns letztes Jahr getrennt haben. Aber lasst uns jetzt nicht darüber reden, sondern nach draußen gehen. Ich habe für die zwei Wochen, in denen ihr hier seid, extra einen großen Van gemietet, damit wir alle in ein Auto passen." „Oh, wie cool!", freute sich Leopold.

Der kleine Robert schmiss immer noch unentwegt seinen Schnuller aus dem Buggy und Louisa überlegte, ob man den nicht irgendwie an seine kleine Hand festbinden könnte. „Da werde ich mir noch etwas einfallen lassen", nahm sie sich vor.

Als sie zusammen zum Auto gingen fragte Paul Lisa und

Richard, wie der Flug gewesen sei. Richard erzählte ihm, dass Lisa aus lauter Angst vor dem Fliegen beinahe nicht mitgekommen wäre, dann aber den ganzen Flug über seelenruhig geschlafen hätte „Ich bin einfach nur froh, dass wir wieder festen Boden unter den Füßen haben“, seufzte diese. „Ich habe mir gedacht, dass ihr euch nach so einem langen Flug bestimmt über etwas zu Essen freuen würdet. Deshalb fahre ich mit euch zuerst in ein Café mit einer wunderbaren Außenterrasse. Euer Gepäck lassen wir so lange im Auto liegen. In dem Café habt ihr eine hervorragende Sicht über fast ganz New York.“ Die drei Geschwister strahlten. „Das wird bestimmt großartig“, dachte Louisa.

Im Auto erklärte Paul den Kindern, dass man sich in New York eigentlich eher ein Taxi nimmt, als mit dem eigenen Auto zu fahren und dass die Taxis hier ”Yellow Cabs“ genannt werden. „Warum fährt man denn in New York normalerweise Taxi?“, wollte Louisa wissen. „Die Straßen sind hier total überfüllt von Autos, und in der Stadt gibt es kaum Parkplätze. Zudem sind viele Touristen auf den Straßen unterwegs. Die wenigsten, die in New York leben, haben ein eigenes Auto.“ „Hast du denn eins?“, fragte Louisa. „Nein, ich habe auch kein Auto, ich benutze lieber das Fahrrad, und wenn ich wegen der Kinder eins brauche, dann rufe ich mir ein Cab oder bestelle mir ein Uber.“

„Was ist denn ein Uber?“, fragte Leopold. Louisa drehte sich zu ihrem Bruder. „Wir sind doch in Paris auch einmal mit einem Uber gefahren, erinnerst du dich nicht Leo?“ Aber dieser schüttelte nur den Kopf. „Das ist so etwas ähnliches, wie ein Taxi“, fuhr sie fort, „nur dass man einen Preis für die gesamte Fahrt schon vorher ausmacht, so dass es nicht teurer wird, wenn man beispielsweise in einem Stau steht. Es gibt eine spezielle App, womit man ein Uber bestellen kann, das ist dann kein gelbes Taxi, sondern das eigene Auto von jemandem.“ „So, wie bei Mama also?“ Louisa schaute ihn verdutzt an, sie verstand nicht was er meinte. „Na ja, Mama muss uns doch auch die ganze Zeit immer überall hinfahren, nur das wir nichts bezahlen müssen und auch keine App dafür brauchen.“

Als sein Sohn das sagte, konnte sich Richard ein lautes Lachen nicht verkneifen. Leopold verstand jetzt gar nicht, was daran wieder so witzig war. Er fand es eh komisch, dass Erwachsene immer so blöd lachen mussten, wenn Kinder ihnen etwas erzählten oder Fragen stellten. Deshalb nahm er sich jetzt vor, gar nichts mehr zu sagen, bis sie am Café angekommen waren und genoss nur noch die Aussicht aus dem Auto. Beim Vorbeifahren las er ein Schild, auf welchem ein Pfeil mit dem Namen ”Flushing Meadows Corona Park“ las. „Oh je“, dachte er, „hatte er das jetzt gerade richtig gelesen, stand da tatsächlich Corona Park auf dem Schild?“ Aber er wollte nicht schon wieder fragen, dazu hatte er jetzt wirklich keine Lust mehr.

Doch dann rief Louisa: „Papa, warum heißt ein Park hier Corona?“ Richard zuckte aber nur ahnungslos mit den Achseln. „Ich glaube nicht, dass das was mit der Seuche Corona zu tun hat.“ Sodann knuffte er Paul in die Seite, der konzentriert am Steuer des Autos saß. „Weißt du, warum der Park so heißt?“ Paul zog nachdenklich die Stirn kraus. „Hm, es ist ein sehr großer Park im Stadtteil von Queens, er wurde damals anlässlich der Weltausstellung von 1939 bis 1940 angelegt. Ich denke, er hat den Namen Corona wegen Queens.“ „Hä?“, machte Louisa, denn sie verstand nicht, wovon sie da gerade redeten. Und Leopold verspürte dabei ein bisschen Schadenfreude. Immerhin war es mal nicht er, der so viele Fragen stellte. „Also, Corona kommt ja aus der lateinischen Sprache und bedeutet so viel wie Krone. Da der Stadtteil ja Queens heißt, was übersetzt Königinnen bedeutet, hat man das vielleicht mit einer Krone in Verbindung gebracht und deshalb den Park Corona-Park genannt“, führte Paul weiter aus. „Aha“, murmelte Louisa, das reichte ihr erstmal als Erklärung.

Im Café angekommen war die Aussicht tatsächlich phänomenal. Sie saßen ganz weit oben und blickten auf die Spitzen der gigantischen Hochhäuser. Man konnte bis auf den Hudson-River sehen, und in der Mitte der Terrasse gab es sogar einen eingebauten Pool. Leider war es aber zum Schwimmen in dieser Jahreszeit ein bisschen zu kühl.

Hudson war zur Freude von Paul total fasziniert von Lisa und saß die ganze Zeit auf ihrem Schoß. „Wenn ich gewusst hätte, wie lieb Hudson bei dir ist, hätte ich euch schon viel früher eingeladen", kommentierte Paul die Situation. Lisa zwinkerte ihm zu. „Mal sehen, wie lange es anhält." Selbst der kleine Robert warf jetzt nicht mehr ununterbrochen seinen Schnuller auf den Boden. Louisa beobachtete ihn aus den Augenwinkeln und war fest entschlossen, seinen Schnuller einfach unter der Kinderwagendecke zu verstecken, wenn er das wieder machen sollte.

„Wo wohnst du denn jetzt genau, Paul?", fragte Leopold interessiert. „Ich wohne in Manhattan, also genauer gesagt in Midtown." „Ich dachte du wohnst in New York?", merkte Louisa jetzt leicht enttäuscht an. „Manhattan ist ein Stadtteil von New York. Es hat viele Hochhäuser und liegt direkt am Central Park und am Hudson River." „Den Central Park habe ich mal im Fernsehen gesehen", erklärte Marie, „der muss riesengroß sein, mit einem See mitten in der Stadt." „Ja genau!", sagte Paul. „Vielleicht können wir ja schon heute dorthin gehen. Ich habe mir die zwei Wochen, in denen ihr hier seid, für euch frei genommen." Louisa sprang vor Begeisterung vom Stuhl. „Das wäre wirklich toll!"

Nachdem sich alle gestärkt hatten und Hudson und Robert langsam unruhig wurden, beschlossen sie, zu Pauls Appartement zu fahren. Der wunderte sich nur, wo Roberts Schnuller geblieben war, denn er konnte ihn nirgendwo entdecken.

Sie fuhren an den riesigen Hochhäusern entlang und Louisa kam sich bei all den Wolkenkratzern ganz schön klein vor. Paul bog in die 5th Avenue ein und fuhr von dort mit dem Auto in eine Tiefgarage.

Sein Appartement lag im obersten Stock. Dort angekommen, setzten sich die drei Geschwister erstmal erschöpft im Flur auf ihre Koffer. Als Paul das sah, ging er direkt zu ihnen. „Ihr seid bestimmt müde von der langen Reise, oder?" „Geht schon", erwiderte Leopold. „Du siehst ja auch ganz schön fertig aus." „Aber Leo!", kam es tadelnd von Richard, der das Gespräch zufällig mitangehört hatte. Paul lächelte schief. „Er hat ja recht. Ich zeige euch mal meine Wohnung und die Zimmer, die in den nächsten zwei Wochen nur für euch bestimmt sind." Als erstes begleitete er sie zu der riesigen Dachterrasse mit Blick auf den Central Park. Die Geschwister staunten bei dem Anblick und es fehlten ihnen buchstäblich die Worte. Überhaupt war die Wohnung viel größer, als sie anfangs gedacht hatten. Er führte sie weiter über einen großräumigen Flur bis hin zu einer Treppe, welche nochmal ein Stockwerk höher ging. Dort oben lagen nicht nur ihre Zimmer, sondern sie hatten sogar ein eigenes Badezimmer für sich allein. Marie kam aus dem Staunen gar nicht mehr heraus. „Das ist ja der absolute Wahnsinn! So möchte ich später auch mal wohnen." „Ich auch!", sagte Leopold. Louisa aber schüttelte den Kopf. „Es ist eine wirklich sehr schöne Wohnung, aber für mich wäre das nichts. Wenn man aus den Fenstern guckt, sieht man zwar den Central Park, aber ansonsten sind hier nur Häuser, Autos und Straßen. Um mich wohlzufühlen, brauche ich viel Natur um mich herum."

„Das verstehe ich", sagte Paul, „manchmal finde ich es auch schade, dass Hudson und Robert in einer so riesigen Stadt aufwachsen. Aber andererseits kann es später, wenn sie älter sind, sehr spannend für sie sein hier zu leben." „Wieso?", fragte Louisa ungläubig. „Was ist denn an Häusern und Straßen so spannend?" Paul überlegte kurz und sagte dann: „Es kommen das ganz Jahr über eine Menge unterschiedlichster Menschen mit vielen Ideen hierher, wie etwa

Wissenschaftler oder Künstler. Zudem gibt es zahlreiche Sehenswürdigkeiten wie das Empire State Building, die Brooklyn Bridge, das 9/11 Memorial Museum, den Times Square, das American Museum of Natural History, das Museum of Modern Art, das Guggenheim Museum…“ „Ja, ja, schon gut“, unterbrach Louisa ihn, „aber irgendwann hat man das doch alles schon gesehen.“

„Super!“, mischte sich Marie in das Gespräch mit ein. „Da haben wir ja schon unsere To-Do-Liste.“ „Was für eine Liste?“, fragte Paul überrascht. „Na, das alles wollen wir uns mindestens ansehen“, erklärte Marie. „Und Hamburg!“, ergänzte Leopold mit ernstem Gesichtsausdruck. „Hamburg?“, fragte Paul jetzt sichtlich verwirrt. „Dafür hättet ihr aber nicht so weit reisen müssen“, kommentierte er belustigt. „Nicht Hamburg, sondern Hamburg!“, berichtigte Leopold ihn. Paul blickte ratlos vor sich hin. „Was Leopold meint, ist die Stadt Hamburg in Amerika. Sie müsste laut Stadtplan noch zu New York gehören, in der Nähe von Buffalo. Sie ist mit dem Auto ungefähr sechseinhalb Stunden entfernt“, erklärte Marie. „Ach wirklich?“, sagte Paul und legte nachdenklich die Hand in den Nacken. „Ich gehe jetzt mal eure Eltern von Hudson und Robert erlösen.“ Diese hatten es sich inzwischen mit den beiden auf Pauls XXL-Sofa gemütlich gemacht.

Doch vorher machte er sich und den beiden erstmal einen starken Kaffee und setzte sich anschließend zu ihnen. „Es ist wirklich sehr schön hier bei dir“, sagte Richard anerkennend. „Wie schaffst du das nur mit den beiden Kleinen und deiner Arbeit als Anwalt?“ Paul seufzte: „Schon bevor Carol gegangen ist, war es nicht einfach, aber jetzt ist es noch sehr viel schwieriger geworden. Die Kinder sind in den Ferien und am Wochenende, oder wenn Carol Notdienst im Krankenhaus hat, bei mir. Sie und ihre Eltern kümmern sich dann in der Woche um die beiden. Hudson geht tagsüber in der East 89th Street in eine Preschool, eine Art Vorschule. Hier in den USA ist es üblich, dass die Kinder ab drei Jahren in eine solche Schule gehen. Zum Glück liegen Kindergarten und Schule nicht weit entfernt von meiner Wohnung und dem Krankenhaus, in dem Carol arbeitet.“

Paul schaute gedankenverloren vor sich hin und wechselte dann das Thema: „Was wollt ihr euch denn als Erstes ansehen?“ „Ich fände es schön, wenn wir, wie du es eben schon vorgeschlagen hast, uns heute den Central Park ansehen würden“, erklärte Lisa. Paul nickte. „Der liegt ja quasi vor der Haustür, und wenn das Wetter sich hält, können wir dort ein Picknick mit den Kindern machen. Wusstet ihr eigentlich, dass eure Kinder zu einer amerikanischen Stadt fahren wollen, die den Namen Hamburg trägt?“ Lisa lächelte ihn an. „Ah, das haben sie dir schon gesagt? Dann erzählen wir dir mal, was für eine verrückte Geschichte dahintersteckt.“ Während Richard und Lisa ihm im Schnelldurchlauf, angefangen mit der Geschichte um Agnes und den Urlaub in Frankreich, bis hin zum Tagebuch von Alva, alles erzählten, heckten die drei Geschwister nebenan einen Plan aus.

„Wie, du hast das Tagebuch von Alva mit?“, fragte Marie überrascht. „Klar!“, antwortete Louisa und zog es mit stolzer Miene aus ihrem Rucksack. „Wer weiß, wofür wir es noch gebrauchen können. Wir haben uns die letzte Zeichnung von Alva in all der Hektik zu Hause ja noch gar nicht ganz genau anschauen können.“ “Stimmt“, sagte Leopold, „wir müssen unbedingt die von Alva aufgezeichneten großen Gebäude, den See und den Wald finden.“ Louisa dachte nach. „Was ist, wenn Alva damals so ein großes Grundstück mitten im Wald und an einem See gar nicht gefunden hat? Es waren ja bis zu diesem Zeitpunkt nur ihre Vorstellungen und Träume, die sie aufgemalt hat.“ „Hmm“, brummte Marie nachdenklich und blätterte die letzten Seiten des Tagebuchs durch. Sie konnte aber auf der Zeichnung nichts Neues entdecken. „Außerdem hat Lulu recht: Bloß weil Alva es so aufgezeichnet hatte, musste es ja nicht genauso gekommen sein. Vielleicht ist es wirklich aussichtslos, diese Schule zu finden, wir wissen zudem noch nicht einmal den Nachnamen von Francis“, erklärte Marie. „Wieso versucht ihr es nicht im Internet?“, fragte Leopold. „Das habt ihr doch bei Agnes auch so gemacht.“ „Und was sollen wir da bitte suchen, Schule im Wald?“, fragte Marie mit resignierter Stimme. „Wir haben das doch schon von zu Hause aus versucht und keine Spur gefunden, die uns weiterbringen würde.“ Louisa zog ihr Handy aus der Hosentasche. „Aber wieso eigentlich nicht“, sagte sie. „Wir können es ja trotzdem noch einmal versuchen.“

Da kam Lisa ins Zimmer hinein. „Wir wollten jetzt einen Ausflug zum Central Park machen. Paul hat ein paar Sachen für ein Picknick im Park eingepackt.“ „Juhu!“, schrie Leopold und sprang vom Bett auf. Louisa sah ratlos zu Marie. „Dann werden wir wohl später nach dem Gebäude suchen müssen“, murmelte Louisa nicht gerade begeistert. „Es läuft uns ja nicht weg, Lulu, wir sind immerhin gerade erst angekommen und haben noch genügend Zeit. Und ein Picknick im Central Park ist doch wirklich super. Ich werde Omi und Opi von dort ein Bild schicken.“ Louisa nickte zustimmend. „Dann mal los!“, sagte sie und legte das Buch von Alva wieder zurück in ihren Rucksack.

Da der Park direkt vor Pauls Wohnung lag, mussten sie nur auf die andere Straßenseite gehen, um dorthin zu gelangen.

Robert saß zappelnd im Buggy und brabbelte vor sich hin. „Geht doch ohne Schnuller viel besser“, dachte Louisa und schaute verschmitzt zu ihm hinunter. Hudson ging hüpfend an Maries Hand und erzählte ihr von seiner Preschool. Er freute sich sichtlich, dass so viele Kinder zu Besuch waren.

Auf einmal bekam Louisa einen kleinen Schubs von einer Joggerin, die an ihr vorbeilief. „Hey!“, fluchte Louisa und drehte sich verärgert zur Seite. „Oh, sorry!“, murmelte die junge Frau und lief ohne anzuhalten weiter. Louisa sah ihr grimmig hinterher. „Hier in New York gehen sehr viele zur Mittagszeit im Central Park joggen. Sie nutzen die kurze Pause, um etwas Bewegung in ihren Büroalltag zu bringen“, erklärte Paul, der das Ganze beobachtet hatte. „Du etwa auch?“, fragte Louisa neugierig. Paul schüttelte den Kopf. „Leider nein, ich habe meistens so viel zu tun, dass ich mir gar keine Pause leisten kann.“ „Dann ist es ja umso schöner, dass du dir jetzt so viel Zeit nimmst“, erwiderte Louisa. „Das stimmt!“, sagte Paul und lächelte sie an.

Im Park suchten sie sich eine einigermaßen ruhige Stelle, wo sie die mitgebrachte Picknickdecke ausbreiteten. Es war ein schöner Platz, da in unmittelbarer Nähe ein großer See sowie ein Spielplatz lagen. So konnten Leopold und Hudson zusammen rutschen und auf dem Klettergerüst toben, während der kleine Robert auf Maries Schoß saß und ganz glücklich an ihrem Pullover zupfte.

„Wo arbeitest du hier eigentlich Paul?“, fragte Marie neugierig und schaute dabei in den Himmel. „Im Empire State

Building, das ist nur ein paar Kilometer von hier", antwortete er. „Ist das nicht dieser riesengroße Wolkenkratzer mit der langen dünnen Spitze?" Paul nickte. „Das gibt es doch nicht, arbeitest du da wirklich?" Er lachte. „Wenn du mir nicht glaubst, können wir gerne nachher dorthin gehen. Ich wollte sowieso noch ein paar Akten aus meinem Büro holen. Aber ich muss dich warnen, ich arbeite in der achtundachtzigsten Etage. Auf der sechsundachtzigsten und der hundertzweiten Etage hat man eine tolle Rundumsicht." „Das muss ich gleich den anderen erzählen", sagte Marie aufgeregt und setzte den kleinen Robert kurzerhand zu Paul. Dann rannte sie zu den anderen zum Spielplatz.

Ein paar Minuten später versammelten sich die Kinder um die Picknickdecke und baten inständig darum, zum Empire State Building zu gehen. Lisa blickte in die flehenden Kinderaugen. „Wenn ich nicht mit bis auf die oberste Etage muss, könnt ihr von mir aus mit Paul und Richard nach ganz oben", sagte sie dann. Richard schaute sie verblüfft an. „Na gut, dass du einen Mann hast, den du vorschicken kannst." Lisa schmunzelte. „Dir macht das doch nichts aus, das sagst du zumindest immer." „Na gut, aber vorher würde ich gerne noch etwas durch den Central Park laufen, wir haben ja bisher nur die eine Stelle gesehen und der Park ist wirklich riesig." „Also, ich bin einverstanden", sagte Louisa, denn sie hatte in dem Park einen Eisverkäufer entdeckt. Geschickt lotste sie die Erwachsenen genau an diesem vorbei. Gerissen wie sie war, wusste sie, dass die Kleinen den Rest für sie erledigen würden, um an ein Eis zu kommen. Und tatsächlich riefen Leopold und Hudson, als sie den Eiswagen sahen gleichzeitig: „Bekommen wir ein Eis, bekommen wir ein Eis?“ Paul nickte und fragte die Mädchen, ob sie auch ein Eis möchten. „Ja, gerne!“, erwiderte Louisa gespielt bescheiden.

Als schließlich alle Kinder ein Eis in der Hand hielten, schlenderten sie zufrieden und glücklich durch den Park. Was sie dabei alles so sahen, war wirklich unvergleichlich: Es gab Leute, die mitten auf den Wegen des Central Parks tanzten, jonglierten oder Musik machten. Auch waren viele Touristen unterwegs, die alles Mögliche fotografierten, vor allem die am Rande des Parks stehenden riesigen Wolkenkratzer. „In eins der höchsten werden wir gleich reingehen“, dachte Louisa und blickte sichtlich beeindruckt zu den Hochhäusern. Man konnte sogar mit einer Kutsche durch den Park fahren. Aber sie waren sich einig, dass sie das nicht tun würden, weil das für die Pferde wahrscheinlich nicht so toll ist. Sie mussten das schließlich Tag für Tag machen. Als sie weiter durch den Park gingen, entdeckten sie eine riesengroße Engelsfigur, welche auf einem

Brunnen stand. „Ist die schön!“, staunte Louisa ehrfürchtig. „Das ist der Engel über den Gewässern“, erklärte Paul. „Die Figur ist ein Denkmal, um an den Bau der Wasserleitung im Central Park zu erinnern.“ Marie ging zu ihr und sah sie sich genauer an. „Warum hat sie eine Blume in der Hand?“, wollte sie von Paul wissen. „Das ist eine Lilie, die steht für die Reinheit des Wassers“, erklärte dieser. „Kommt, lasst uns mal weitergehen, es gibt hier noch viel mehr zu sehen. Am besten gehen wir zu Fuß zum Empire State Building, denn wir müssen nur die Straße, in der meine Wohnung liegt, also die 5th Avenue, entlanglaufen. Sie ist eine der größten Einkaufsstraßen in New York und wird euch sicherlich gefallen.“

Und tatsächlich konnten die Kinder über die ganzen Geschäfte, die es dort gab, nur staunen. Es war alles so riesig. Fast überall hingen an den Läden amerikanische Flaggen. Nach etwa einer halben Stunde waren sie am Empire State Building angekommen. Marie blickte staunend nach oben. „Und hier ist dein Büro?“ Paul nickte. „Und, wollt ihr euch selbst davon überzeugen und mal ganz nach oben auf die letzte, die hundertzweite Etage fahren?“ Bis auf Lisa wirkten alle bei dem Vorschlag begeistert. „Wie schon gesagt, nach ganz oben fahre ich nicht, da bleibe ich lieber hier unten stehen.“ „Du kannst auch in meinem Büro warten." „Ja gut, das kann ich machen. Ich komme auch noch zu der Aussichtsplattform der sechsundachtzigsten Etage mit, aber zu der nach ganz oben mit Sicherheit nicht." „Dann lass uns doch erst dorthin fahren und anschließend setzen wir dich in meinem Büro ab." Lisa nickte. „Das ist eine gute Idee, dort kann ich mich bestimmt ein bisschen erholen." Vielleicht möchte mir Robert ja dabei Gesellschaft leisten, dann müsst ihr nicht auch noch den Buggy bis ganz nach oben schleppen." „Gerne!" antwortete Paul. „Das wäre auf jeden Fall einfacher."

In schwindelnder Höhe

Vor dem Gebäude des Empire State Building stand ein Mann in Uniform und Leopold fragte Paul verwundert: „Warum stehen hier eigentlich vor so vielen Gebäuden Männer in Uniform?“ „Das hast du gut beobachtet“, antwortete dieser. „Sie stehen vor den Hotels oder sitzen im Eingangsbereich der Appartementhäuser. Man nennt sie Doorman, auf Deutsch Türmann, und sie gehören praktisch zum Stadtbild von Manhattan.“ „Und was machen die den ganzen Tag?“, wollte er weiter wissen. „Sie öffnen die Tür, nehmen Pakete und Mitteilungen entgegen und kündigen per Haustelefon Besucher an oder sie rufen für den Bewohner des Hauses ein Taxi und noch vieles mehr.“ „Das ist ja eine abgefahrene Stadt“, murmelte Leopold vor sich hin.

Als sie in das Gebäude hineingingen, kamen sie in eine riesige Eingangshalle, in der Leute hinter einem großen Empfangsschalter saßen. Paul hatte, da er in dem Gebäude arbeitete, eine Karte dabei, die er der Empfangsmitarbeiterin vorzeigte. Dadurch mussten sie nicht, wie die anderen Leute, Schlange stehen, um zu den Aussichtsplattformen zu gelangen. So kam es, dass sie direkt mit dem verglasten Fahrstuhl zur sechsundachtzigsten Etage fahren konnten. Aber auch dort oben angekommen stießen sie wieder auf sehr viele Touristen. Sie staunten, als sie durch das riesige Panoramafenster nach draußen auf die beeindruckende Skyline New Yorks blickten. Lisa blieb mit Robert, der in seinem Buggy saß, lieber etwas abseits am Rand stehen. Ihr reichte schon das, was sie aus sicherer Entfernung sah. Paul beobachtete amüsiert die staunenden Gesichter. „Wenn ihr das schon hoch findet, dann wartet mal ab, wie gigantisch der Ausblick auf der hundertzweiten Etage erst ist“ und sah in das besorgte Gesicht von Lisa. „Wir gehen mit dir und Robert jetzt erst einmal in mein Büro in die achtundachtzigste Etage, dort kannst du dann in Ruhe einen Kaffee trinken. Ich zeige dir, wo alles ist.“

Paul Lundberg attorney las Leopold auf dem Schildchen vor dem Büro seines Onkels und machte große Augen als sie es betraten. „Ui, ist das riesig!“ Es hatte ebenso ein überdimensional großes Panoramafenster, vor dem sich ein riesiger Schreibtisch befand. An den Wänden standen deckenhohe Regale, die bis oben hin mit Büchern gefüllt waren. Auf seinem Schreibtisch stapelte sich ein Berg von Akten. „Hier zu arbeiten hat definitiv seine Vorzüge“, staunte auch Richard nicht schlecht. „Ich gebe zu“, sagte Paul, „es ist ein tolles Büro“ und lächelte. Er zeigte Lisa, wo sie sich einen Kaffee holen konnte, und stellte seiner Familie einige seiner Kollegen und Kolleginnen vor. „Wenn irgendetwas sein sollte, gehst du einfach zu Miss Miller nebenan, sie wird dir mit Sicherheit gerne weiterhelfen", wandte sich Paul an Lisa. „Ich möchte auch bei Lisa bleiben" sagte Hudson und blickte seinen Vater bettelnd an. „Ich war doch schon so oft mit dir da oben." Sie nickte zustimmend. „Geht ihr ruhig hoch, Hudson kann mir bestimmt schon viel über das Gebäude erzählen und erklären wo alles ist. Außerdem bleibt Robert ja sowieso bei mir, dann hat er auch seinen großen Bruder bei sich." „Prima", erwiderte Paul erleichtert. Hudson strahlte, denn er wollte Lisa als erstes den Getränkeautomat im Flur zeigen. „Vielleicht bekomme ich ja eine Limo von ihr", hoffte er insgeheim.

Die anderen fuhren inzwischen mit dem Fahrstuhl nach oben. Bei dem Anblick fehlten Leopold das erste Mal seit langem die Worte. Es kam ihm so vor, als befände er sich auf einer Wolke, von der aus man fast über die ganze Stadt blicken konnte. Er fand es toll, dass die Aussichtsplattform rundherum von einer Glaswand umgeben war. Man konnte die komplette Etage ablaufen und so von jedem Blickwinkel aus auf New York schauen. Paul erklärte ihnen, dass das Gebäude zehn Jahre lang modernisiert worden war und die hundertzweite Etage erst seit einiger Zeit wieder geöffnet war. „Da haben wir ja Glück gehabt", sagte Marie und machte noch einige Fotos mehr mit ihrem Handy.

Als sie ungefähr eine halbe Stunde später wieder zurück in Pauls Büro angekommen waren, sahen sie Lisa an dessen Schreibtisch sitzen. Auf ihrem Schoß hatten es sich Hudson und Robert gemütlich gemacht, die intensiv damit beschäftigt waren, das Kopierpapier von Paul anzumalen. „Guck mal Papa, das haben wir dir gemalt, die Bilder kannst du dir in dein Büro hängen, dann sieht es nicht mehr so leer aus", erklärte Hudson stolz als er seinen Vater sah. Paul schaute sich die Kunstwerke seiner Söhne genauer an. Hudson hatte auf jedem einzelnen Blatt ein Feuerwehrauto gemalt. „Die sehen wirklich schön aus, aber wenn ich mir die alle hier aufhänge, denkt die Feuerwehr noch, hier wäre ihr Hauptquartier." „Oh, du meinst, dann zieht die Feuerwehr hier ein?", fragte er hoffnungsvoll. „Könnte passieren", erwiderte Paul lächelnd. „Das wäre ja super! Ich male gleich noch ein paar." „Ach Hudson, das war nicht so ernst gemeint, die Feuerwehr muss doch in ihrer Zentrale am Boden bleiben, das ist hier viel zu weit oben. Ich hänge mir aber sehr gerne ein paar deiner Bilder auf."

„Und was machen wir jetzt?", fragte Louisa erwartungsvoll. Mit dem Blick an sie gewandt sagte Paul. „Ich wollte noch mit euch zum Times Square gehen. Der ist nur ein paar Minuten von hier entfernt und echt ein Erlebnis." „Oh ja!", bestätigte Lisa seinen Vorschlag. „Der muss auf jeden

Fall beeindruckend sein.“ „Alles klar, dann wollen wir mal keine Zeit verlieren. Ich packe mir nur gerade noch ein paar Akten in meine Tasche.“

Als sie am Times Square standen, erklärte Paul ihnen, dass dieser Platz der meistbesuchte Ort in Manhattan und das Herz von New York sei. „Den Namen hat der Times Square von einer der einflussreichsten Tageszeitungen der Welt, nämlich der New York Times.“ Marie erzählte ihm aufgeregt, dass sie davon schonmal etwas in der Schule gehört habe.

Sie waren absolut überwältigt von den ganzen Dingen, die dort zu sehen waren. Es gab viele Straßenkünstler, wie beispielsweise einen Cowboy, der, nur mit Hut und Unterhose bekleidet, Gitarre spielte. Dann sahen sie überall um sich herum große Leuchtwerbetafeln, wie man sie aus amerikanischen Filmen kannte. Nur der kleine Robert wurde von den Eindrücken, den Menschenmassen und dem Lärm der Autos langsam ganz schön quengelig, obwohl Louisa ihm mittlerweile den Schnuller wiedergegeben hatte. Unter den Umständen schaffte er es nicht, inmitten der ganzen Menschen einzuschlafen. „Sollten wir nicht langsam mal gehen?“, fragte Lisa mit Blick auf Robert. Paul nickte dankbar. „Ich denke, lange hält er nicht mehr durch, aber wir sollten uns ein Cab nehmen.“ „Ein Cab?“, fragte Leopold verwundert. „Das ist doch das amerikanische Taxi hier“, erklärte Louisa ihm. „Ach ja!“ „Aber wir sind acht Personen, die Taxis, die ich hier sehe, haben allemal Platz für vier Fahrgäste“, rechnete Marie ihnen vor. „Ja, wir müssen uns zwei Taxis nehmen“, erklärte Paul. „Oh, das kann ja heiter werden“, seufzte Richard. „Was meinst du damit?“, wollte Louisa wissen. „Hier sind doch überall welche.“ „Schon“, sagte ihr Vater, „aber versuch mal in New York, eins davon zu bekommen, das ist gar nicht so leicht wie es den Anschein hat.“

Paul stand bereits an der Straße und versuchte eines der vorbeirauschenden Taxis herbeizuwinken. Doch alle fuhren an ihm vorbei, bis plötzlich ein Wagen anhielt. Sobald dieser neben ihnen stand, einigten sie sich noch kurz, dass Paul mit Leopold, Hudson und Robert schon vorfahren sollte, damit die drei kleineren Kinder nicht mehr so lange warten müssten. Richard und Lisa würden dann mit den beiden Mädchen auf das nächste Taxi warten. Auch wenn Leopold gar nicht gerne hörte, dass er klein sei, denn so fühlte er sich ganz und gar nicht, war er insgeheim froh, als einer der Ersten in Pauls Wohnung ankommen zu können. Er war jetzt ganz schön müde von den vielen Eindrücken. Als Paul gerade die Tür zum Taxi aufmachen wollte, rannte ein Mann im Anzug und mit Aktentasche an ihm vorbei. Er öffnete die Beifahrertür des Autos, sprang mit einem Satz hinein und der Taxifahrer raste mit quietschenden Reifen davon. Paul fuchtelte verärgert mit den Armen. „Serious?“, schrie er wütend. Anschließend holte er kopfschüttelnd sein Handy aus der Hosentasche und telefonierte. „Ach, das meintest du eben damit, dass es nicht so einfach wäre, hier ein Taxi zu bekommen“ murmelte Louisa ihrem Vater grinsend ins Ohr. Schließlich fuhren sie dann doch noch alle zusammen in Pauls Wohnung, denn er hatte es kurz nach dem Vorfall mit dem Taxi geschafft, ein Uber für acht Personen zu organisieren.

Paul brachte den total erschöpften Robert ins Bett. Anschließend machte er den restlichen vier Kindern Pfannekuchen mit Ahornsirup. Sie waren so müde, dass sie schon fast beim Essen einschliefen. Deshalb schickte Lisa sie sogleich ins Bett, und als sie zehn Minuten später nochmal nach ihnen sah, waren sie auch schon eingeschlafen.

Lady Liberty

Am nächsten Morgen machte Paul mit ihnen einen Ausflug zur Freiheitsstatue. Um dorthin zu gelangen, muss man mit einem Boot von Manhattan zu einer Insel, nämlich nach Liberty Island, fahren. Paul erklärte, während sie mit der Fähre dorthin fuhren, dass die Figur ursprünglich ein Geschenk der Franzosen an Amerika war. Als Leopold die Figur genauer betrachtete, sah er, dass sie in der einen Hand eine Fackel hielt und in der anderen eine Tafel. Auch Louisa sah nachdenklich zu der imposanten Figur hinauf. „Warum haben die Franzosen den Amerikanern denn so eine große Figur geschenkt?“, fragte sie. „Sie taten das zur Einhundertjahrfeier der amerikanischen Unabhängigkeitserklärung. Deshalb ist der 4. Juli 1776 auch in die Tafel eingraviert, welche die Figur in der linken Hand hält“, erklärte Paul.

Louisa verstand nicht ganz was er damit meinte. „Was für eine Unabhängigkeitserklärung?“ „Am 4. Juli 1776 erklärte Amerika die Loslösung von Großbritannien und damit das Recht, unabhängig zu sein. Durch dieses Geschenk wollten die Franzosen auch an ihren eigenen Freiheitskampf erinnern. „Hä?“, machte Louisa und sah Paul aus nachdenklich zusammengekniffenen Augen an. Es machte sie einfach total wütend, wenn sie etwas nicht auf Anhieb verstand. Als Paul ihren verdüsterten Gesichtsausdruck betrachtete, versuchte er es einfacher zu erklären: „Lady Liberty, wie sie auch genannt wird, ist einfach ein Symbol für dei Freiheit.“ „Ach so, das hättest du mir ja gleich sagen können.“

Sie hatten Glück, dass Paul extra Karten für die Krone gekauft hatte, denn so konnten sie sogar bis in den Kopf der Figur gelangen. Auch hier war der Blick auf New York überwältigend. „In dieser Stadt darf man wirklich keine Höhenangst haben“, stellte Lisa mit wackeliger Stimme fest.

Auf dem Rückweg kaufte Louisa in einem Touristenshop noch eine Mini-Freiheitsstatue, denn sie fand, das wäre genau das richtige Geschenk für Herrn Bärenfänger, schließlich hatte er Oda die Freiheit gelassen, bei Otto und seinen Hühnern zu leben.

Die ersten zehn Tage vergingen wie im Flug, denn es gab in New York einfach so viel zu sehen, dass gar keine Langeweile aufkommen konnte. Höhepunkte ihrer Besichtigungen waren das New Yorker Metropolitan Museum of Art, das Guggenheim Museum und das 9/11 Memorial Museum. Inzwischen war es schon Donnerstagmorgen, und am Samstag würden sie bereits wieder nach Hause fliegen. Daher beschlossen sie, endlich nach Hamburg zu fahren.

Sie hatten von New York aus mit ihren Großeltern telefoniert und von Hinrich erfahren, dass sie trotz aller Bemühungen nicht herausgefunden hatten, wie Francis mit Nachnamen hieß.

„Wisst ihr noch, was Alva über ihren Traum geschrieben hatte?“, fragte Richard, als sie alle zusammen in Pauls Wohnung am Tisch saßen. „Nee“, erwiderte Louisa, „aber wir können es ja noch einmal im Buch nachlesen.“ Richard schaute sie erstaunt an. „Habt ihr es etwa den langen Weg hierhin mitgenommen?“ Louisa nickte zögerlich. „Lulu du bist mir ja eine, dann gib es mir doch mal bitte!“ Als sie ihm das Tagebuch in die Hände gedrückt hatte, las er noch einmal die Stelle mit der Schule vor und sah sich die Zeichnungen dazu an. „Also, hier steht ja: Hof, Wald, See und Tiere.“ „Welcher See damit gemeint ist, ist ja klar“, sagte Marie. „Wir haben auf der Karte gesehen, dass Hamburg an einem See liegt, aber der ist ziemlich groß, daher wissen wir nicht, welche Stelle am Ufer gemeint sein könnte.“

„Egal“, sagte Richard, „wir probieren es einfach mal“ und tippte dann die Begriffe: *Hamburg, Amerika, Hof, See, Wald, Tiere* ein. Anschließend klickte er Website für Website an, aber keine schien so richtig zu passen. „Hmm, so kommen wir nicht weiter“, murmelte er. „Wir hatten bei unserer Recherche bisher leider auch keinen Erfolg!“, seufzte Marie. „Aber andererseits“, sagte ihr Vater, „muss das ja nicht zwangsläufig bedeuten, dass Alva es damals nicht geschafft hatte, ihren Traum zu verwirklichen.“ „Vielleicht hat sie ja am Ende etwas ganz anderes gemacht“, überlegte

Marie. Richard zuckte mit den Achseln. Vielleicht sollten wir es in diesem Fall einfach dabei belassen."

Sie waren noch ganz in ihre Gedanken vertieft, als Lisa, die sich ebenfalls auf Pauls Computer die Karte ansah, rief: „Das hier könnte es doch von der Lage her sein!" Sie zeigte mit dem Finger auf den Bildschirm. „An der Stelle hier ist eine Schule markiert, und daneben befindet sich ein großer See, sowie viele Bäume. Und dann steht da noch ein Gebäudekomplex, welcher etwas abseits von den anderen Häusern steht." „Ich weiß nicht", sagte Marie resigniert, „wahrscheinlich hat es alles keinen Sinn." „Einen Versuch ist es doch wert", meinte Paul und schaute sie ermutigend an. „Genau so sehe ich das auch", sagte Louisa und knuffte ihrer Schwester aufmunternd in die Seite.

Schließlich fanden sie heraus, dass die Schule, die Lisa auf der Landkarte gefunden hatte, *Babington-School* hieß. Mehr gab es aber nicht zu erfahren, denn auf der Website stand, dass diese zurzeit neu überarbeitet würde. „Das ist ja wohl ein Witz!", rief Louisa, als sie dies las. „Genau jetzt, wo wir dorthin fahren wollen." „Was ist denn los?", fragte Leopold. Er hatte bisher nicht zugehört, da er, während die anderen mit der Suche beschäftigt waren, mit Hudson Flugzeuge aus Papier gebastelt hatte. „Die

Internetseite der Schule, welche die Schule von Alva sein könnte, funktioniert im Moment leider nicht." Leopold sah seine Schwester nachdenklich an. „Und wieso ruft ihr nicht einfach bei der Schule an?" „Oh man Leo, auf die Idee sind wir gar nicht gekommen." Paul musste schmunzeln. „Ja, das ist die Generation Internet, dabei gibt es ja immer noch das gute alte Telefon." Er griff nach dem Hörer und tippte die auf der Website angegebene Nummer ein. Anschließend stellte er auf laut, so dass alle mithören konnten.

Doch leider wusste die Frau, eine gewisse Miss Shepherd, am anderen Ende des Telefons so gar nichts über die Entstehung der Schule, denn sie sei nur eine Aushilfe dieser Einrichtung. Sie fügte hinzu, dass sie im Moment auch nicht auf die Website der Schule gehen könnten, um mehr zu erfahren. „Ach nee!", seufzte Louisa. „Das ist ja mal ganz was Neues, dann hätten wir sie ja wohl kaum angerufen, wenn wir das nicht schon vorher gewusst hätten." „I'm sorry!", sagte diese verlegen und Paul verabschiedete sich mit einem schlichten: „No problem, thanks!"

Paul wollte Hudson und Robert die lange Fahrt nach Hamburg nicht zumuten, daher brachte er die beiden vorher noch zu Carol. Sie freuten sich sehr, nach so langer Zeit ihre Mutter wiederzusehen, aber der Abschied von Marie,

Louisa und Leopold fiel ihnen doch deutlich schwer. Paul versprach den beiden Jungs, dass er mit ihnen in den nächsten Sommerferien nach Deutschland fliegen würde.

Die Fahrt über erzählte Paul Lisa und Richard viel über seine Arbeit und über das Leben in New York. Die Kinder bewunderten aus dem Autofenster heraus die vorbeiziehende Landschaft. Sie waren viel zu nervös, um etwas zu lesen, denn sie fragten sich, was sie wohl in Hamburg erwarten würde. Louisa drückte das Tagebuch von Alva fest an sich. Irgendwie fühlte sie sich so ihrer Ur-Urgroßtante ganz nah und dachte darüber nach, dass sie mit Hilfe ihrer Eltern und Paul immerhin herausgefunden hatten, dass es eine Schule in Hamburg gibt, die den damaligen Vorstellungen von Alva entsprechen könnte. Ob Alva aber wirklich ihren Traum hatte verwirklichen können, das wussten sie noch nicht. Paul hatte die Adresse der Schule in das Navi eingegeben und so machten sie sich auf eine Reise ins Ungewisse. Anstatt der vorgesehenen sechseinhalb Stunden, brauchten sie mit mehreren Zwischenstopps fast acht Stunden und kamen am späten Nachmittag an. „Laut Navi müsste es hier sein", sagte Paul und parkte das Auto am Rande eines Feldweges.

Lisa und Richard sahen sich neugierig um, konnten aber weit und breit nichts erkennen, was auf eine Schule oder einen Hof hindeutete. „Hast du wirklich die Adresse eingegeben, die auf der Karte im Internet angezeigt war?“, fragte Lisa verunsichert. Paul zuckte mit den Schultern. „Eigentlich schon.“ „Wir können doch einfach mal aussteigen und den Feldweg ein wenig entlanglaufen“, schlug Leopold vor. „Genau, lasst uns das machen, nach der langen Autofahrt kann etwas Bewegung nicht schaden“, stimmte Louisa ihrem Bruder zu. Marie schaute auf die Uhr. „Ach du je, wir haben schon halb sechs. Es wird doch gleich schon dunkel.“ Paul nickte: „Ja, heute schaffen wir es nicht mehr nach Manhattan zurückzufahren. Wir müssen uns wohl für die Nacht eine Unterkunft suchen.“ Leopold strahlte erwartungsvoll, denn das klang wieder so richtig nach Abenteuer.

Er rannte vorneweg, und nachdem sie ein paar Minuten den Feldweg entlang gegangen waren, hörten sie auf einmal ein lautes Knarren. Es klang wie eine alte Tür. „Leo!“, rief seine Mutter ängstlich, denn sie konnte ihn nicht mehr sehen. „Leo, wo bist du denn?“ Lisa beschleunigte ihren Schritt und die anderen liefen ihr zügig hinterher. Sie begann sich schon Sorgen um Leopold zu machen, als Marie plötzlich rief: „Stopp, wartet mal!“ „Was ist denn Marie?“, keuchte Lisa angestrengt. „Wir können jetzt nicht anhalten, sondern müssen schnell Leo finden. Was ist, wenn er sich mitten im Wald verlaufen hat? Er kennt sich hier doch gar nicht aus.“ „Ich habe aber etwas entdeckt“, sagte Marie und deutete auf eine große Hecke. Die anderen sahen sie irritiert an. „Seht ihr es denn nicht?“, murmelte Marie ungeduldig. „Nein, was denn?“, fragte jetzt auch Louisa ganz verwundert und kam näher an sie heran.

Dann sah sie es: Links von Marie ging ein ganz schmaler Pfad ab, der mit dem bloßen Auge gar nicht so einfach erkennbar war, da es dort Unmengen an Büschen und Zweigen gab. Diese hingen kreuz und quer über dem schmalen Pfad und versperrten die Sicht. Louisa ging hinter Marie weiter den zugewachsenen Weg entlang.

Ihre Mutter folgte ihnen, verstand aber immer noch nicht so recht, was die Kinder gemeint hatten. Verzweifelt rief Lisa weiter nach Leopold. „Mama, du musst ihn gar nicht mehr rufen!“, beruhigte Louisa sie und zeigte mit ihrem Finger geradeaus. „Guck doch mal, wo Marie ist.“ Lisa spähte entlang des überwucherten kleinen Weges und sah Maries blaue Jacke durch alte verrostete Metallstäbe durchscheinen.

Sie ging dicht hinter Louisa, die beherzt unter einem der Büsche hindurchkroch. Dann befand sie sich plötzlich mit ihr auf der anderen Seite des Weges. Lisa fiel ein Stein vom Herzen, denn dort stand schon Marie, die den kleinen Leopold fröhlich auf dem Arm trug. Dieser kicherte ausgelassen und klammerte sich an seiner Schwester fest. „Guck mal Mama, ich habe den Eingang gefunden“, rief er triumphierend. Und tatsächlich, als Lisa sich umdrehte fiel ihr erst jetzt auf, dass die verrosteten Metallstäbe zu einem großen alten Eisentor gehörten. „Ach, das hatte so geknarrt“, murmelte sie. Marie nickte. „Ganz genau, ich habe durch die Büsche hindurch die Stäbe gesehen und mir schon gedacht, dass Leopold das auch entdeckt haben musste.“ „Siehst du Mama, es ist alles gut“, sagte Louisa und tätschelte ihrer Mutter beruhigend auf die Schulter. Doch plötzlich wurde Lisa wieder hektisch. „Oh, wir müssen Richard und Paul suchen, sie waren eben gar nicht mehr hinter uns. Ihr wartet hier!“, befahl sie und kroch wieder zurück durch die Hecke, um die beiden zu holen. Diese waren sichtlich erleichtert zu hören, dass alle wieder da waren, denn sie hatten sich schon gewundert, dass auch der Rest der Familie auf einmal verschwunden war.

„Es scheint so, als wäre das ein alter Eingang, den Leo gefunden hat“, erklärte Louisa. Leopold lächelte selbstgefällig und sprang von Maries Arm hinunter, nur um erneut wieder wegzulaufen. Als Louisa das bemerkte rannte sie Leopold rasch hinterher und packte ihn zornig an seiner Kapuze. „Das machst du nicht nochmal Leo, du kennst dich hier doch gar nicht aus! Außerdem hast du Mama einen riesigen

Schrecken eingejagt“, sagte sie streng und nahm ihn energisch an die Hand. „Ihr seid alle Spielverderber“, grummelte Leopold trotzig.

Sie gingen weiter den schmalen Weg entlang und erkannten am Ende des Pfads die Umrisse eines großen Gebäudes. Kurz bevor sie an diesem angekommen waren, sahen sie rechts davon eine riesige Halle. Daneben standen Pferde auf einer Weide. „Schau mal wie schön, Marie!“, sagte Louisa ganz entzückt. Dann blickte sie fragend zu Paul: „Dürfen wir uns hier überhaupt aufhalten?“ „Wir sollten auf jeden Fall mal irgendwo klingeln und uns dafür entschuldigen, dass wir einfach so auf einem fremden Grundstück herumlaufen“, erwiderte er. „Auch wenn wir noch nicht wissen, ob es vielleicht doch öffentlich, also für alle zugänglich ist.“ Richard nickte. „Wer weiß, wer hier wohnt und ob wir nicht hinterher noch Ärger bekommen.“

Irgendwie war Louisa auf einmal ganz unheimlich zumute und tausend Gedanken schossen ihr wieder durch den Kopf. Sie brauchte jetzt Gewissheit, um sich zu beruhigen. Deshalb bat sie Marie, ihr Alvas Tagebuch aus dem Rucksack zu holen. Als Marie es ihr reichte, blätterte sie eine zeitlang hin und her. „Im Grunde würde das zu den Ideen, die Alva damals hatte, schon irgendwie passen“, sagte sie zu Marie.

Nachdem sie ein paar Meter weitergegangen waren, standen sie wieder vor einem Eingang. Bei diesem handelte es sich um ein großes, grünes Holztor, welches verschlossen war. Links und rechts davon befanden sich hohe Mauern und dichte Büsche.

Es gab aber nirgendwo ein Schild oder eine Klingel und bis auf die Pferde auf der Koppel wirkte alles ziemlich verlassen. Selbst Leopold schien jetzt verunsichert zu sein. „Können wir gehen?“, fragte er mit ängstlichem Blick. „Ja!“, erwiderte Richard mit entschlossener Stimme und machte kehrt, die anderen gingen ihm hinterher. Lisa berührte Louisa zaghaft am Arm, die immer noch das Tagebuch von Alva fest in ihrer Hand hielt.

Eine geheimnisvolle Frau

Gerade als sie kehrt gemacht hatten, vernahmen sie plötzlich hinter sich eine Frauenstimme: „Hello, can I help you?“ Leopolds Herz blieb vor Schreck fast stehen und er erstarrte förmlich. Er drehte sich zu der Stimme um. „Was möchte die?“, flüsterte er dichtgedrängt an Paul. Aber dieser war schon damit beschäftigt eine Antwort auf ihre Frage, ob sie ihnen helfen könne, zu formulieren. Er erklärte der Unbekannten, dass sie die *Babington-School* suchten und nicht genau wüssten, wo sie sich hier befänden. Die Frau war ungefähr Mitte fünfzig und hatte ihre blonden Haare zu einem hohen Zopf zusammengebunden. Ihr lächelndes Gesicht war mit Sommersprossen bedeckt.

„Sie sieht Louisa ein bisschen ähnlich“, dachte Marie. „Oh, you are from Germany!“, sagte die Frau freundlich. Paul verzog die Miene, denn er ärgerte sich, dass man nach all den Jahren, die er schon in New York lebte, immer noch seinen deutschen Akzent heraushörte. Er nickte leicht verunsichert. Daraufhin erklärte sie in einwandfreiem Deutsch, dass sie sich auf der Rückseite des Grundstückes befänden und dass der Haupteingang und die Anmeldung auf der anderen Seite wären. Zudem erzählte sie ihnen, dass sie hier an der Schule als Lehrerin arbeiten und sich zugleich auch um die Tiere auf dem Gelände kümmern würde. Sie äußerte ihre Verwunderung darüber, wie sie überhaupt auf das Grundstück gekommen wären.

Paul erklärte ihr, dass er einfach nur die angezeigte Adresse der Straßenkarte aus dem Internet in sein Navi eingetippt hätte.

Die Frau sah ihn fragend an. „Möchten Sie ihre Kinder hier auf der Schule anmelden?“ Paul schüttelte den Kopf und nahm das Buch aus Louisas Hand. „Wir suchen eine Verwandte meiner Nichten und meines Neffen“ und deutete dabei mit der Hand auf Marie, Louisa und Leopold. Dann öffnete er das Tagebuch und zeigte ihr die letzten beiden Zeichnungen von Alva. Anschließend klappte er das Buch wieder zu und sah die Frau mit fragendem Blick an. Doch diese brachte kein Wort mehr heraus.

„Sieht sie vielleicht schlecht?“, flüsterte Leopold seiner Mutter zu, der ihre Beine ganz fest umklammert hatte. „Nein, ich glaube nicht. Sie hat uns ja schließlich auch entdeckt. Es scheint mir eher so, als wenn sie ein bisschen unter Schock steht.“ Und tatsächlich, als sie nach ein paar Sekunden wieder zur Fassung kam, fragte sie: „Wo haben Sie das her und wer sind Sie überhaupt?“ „Oh, stimmt ich habe mich ja noch gar nicht vorgestellt. Ich heiße Paul Lundberg und das hier ist mein Bruder Richard und seine Frau Lisa, sowie ihre drei Kinder Marie, Louisa und Leopold. Wir suchen eine Schule, die ihre Ur-Urgroßtante so um 1870 gebaut haben könnte. Sie kam ursprünglich aus Schweden, musste dann aber von Frankreich aus aufgrund des Deutsch-Französischen Krieges fliehen. Auf jeden Fall ist Alva, so hieß die Ur-Urgroßtante, mit ihrem Mann…“ „Francis!“, unterbrach die Frau ihn abrupt. Paul starrte sie ungläubig an. „Woher wissen Sie denn jetzt den Namen von Alvas Mann? Wie heißen Sie denn nun eigentlich, wenn ich fragen darf?“ „Ich heiße Jorunn und lebe hier auf dem Hof und das schon seit meiner

Geburt.“ „Ich dachte das wäre eine Schule?“, fragte Louisa, sich verwirrt an ihre Schwester wendend. Doch diese zuckte nur ahnungslos mit den Schultern.

Die Frau strahlte auf einmal. „Und ihr seid die Verwandten von Alva?“ Lisa und die Kinder nickten. „Kommt mal mit, ich werde euch etwas zeigen, was euch bestimmt interessieren wird.“ Sie zog einen Schlüsselbund aus der Tasche und öffnete das riesige grüne Tor.

Als sie hineingingen staunten sie nicht schlecht, denn sie befanden sich auf einmal in einem großen begrünten Innenhof. Aus allen Ecken zwitscherten Vögel, mitten auf dem Hof stand ein Brunnen mit einem hölzernen Pferd darauf. „Oh ist das süß!“, sagte Louisa und zeigte es ihrer Mutter. Lisa schaute verwundert zu dem Pferd auf dem Brunnen. „Was ist denn Mama?“, murmelte Louisa, die den irritierten Blick ihrer Mutter bemerkt hatte. „Warum schaust du mit so einem merkwürdigen Gesichtsausdruck den Brunnen an?“ „Das ist das Dalapferd!“, erwiderte Lisa. „Das Dala was?“, fragte Louisa, während Leopold versuchte, Marie mit dem Brunnenwasser nass zu machen. „Dalapferde gelten im Ausland als typisches Symbol für ganz Schweden“, erklärte sie ihrer Tochter. „Du meinst, es könnte etwas mit Alva zu tun haben?“ Lisa zuckte nur mit den Schultern und blickte in die Ferne. „Es ist schon irgendwie merkwürdig, denn Hamburg in New York heißt ja nun mal Hamburg, weil eher deutsche Auswanderer hier nach Amerika gekommen sind und keine Schweden. Deshalb haben sie den Ort hier ja auch Hamburg genannt, also nach dem Ort wo sie ursprünglich einmal hergekommen sind", erklärte ihre Mutter „Und wieso ist Alva gerade nach Hamburg gegangen, obwohl sie Schwedin war?", wollte Louisa wissen. „Gute Frage, Lulu! Soweit ich weiß, wurde der Ort schon bevor sie hierherkam, gegründet. Ich glaube so um 1812. Vielleicht hatte Francis hier Bekannte." „Oder", sagte Louisa „sie ist hierhergegangen, weil ihre schwedische Heimatstadt Ystad nicht weit entfernt von Hamburg liegt und sie ja auch Verwandte in der deutschen Stadt Hamburg hatte." Lisa nickte. „Genau das habe ich auch schon gedacht, vielleicht war sie damals öfters bei Tante Tilli und Onkel Friedrich in Hamburg und ihr hat die Stadt einfach heimatlich geklungen, so dass sie unbedingt an diesen Ort wollte."

Während sie sich weiter unterhielten, kämpfte Marie mit Leopold, der sie immer noch mit dem Brunnenwasser ärgerte, als wenn nichts anderes um sie herum passierte. „Boah Leo!", rief Lisa ärgerlich. „Dich kann man wirklich nicht einmal fünf Minuten aus den Augen lassen." „Marie hat angefangen!", erwiderte dieser frech. Maries Augen funkelten ihn an. „Na warte Leo, das bekommst du zurück!“ Doch plötzlich rief Jorunn, die sich mit Richard und Paul unterhalten hatte, dazwischen: „Nun lasst uns mal in mein Haus gehen, da kann ich euch bestimmt weiterhelfen. Und für euch“, sie zeigte auf die drei Geschwister, „habe ich Kakao und Kekse.“

Jorunn schloss die Tür eines der seitlichen Gebäude auf und ging mit ihnen durch einen langen Korridor. „Das sieht wirklich aus wie der Flur einer Schule“, flüsterte Louisa ihrer Schwester ins Ohr. Denn es gab dort Sitzbänke, Schränke mit Schließfächern und sehr viele Türen. An den Wänden hingen bunte Bilder und Bastelarbeiten. Sie wunderten sich, warum weit und breit gar keine anderen Kinder zu sehen waren. Und als ob Jorunn ihre Gedanken lesen könnte, sagte sie: „Es ist hier so leer, weil die Kinder schon alle seit fast einer Stunde zu Hause sind. Der Unterricht endet nämlich spätestens um 17.00 Uhr.“

Am Ende des Korridors angekommen, gingen sie durch eine weitere Tür. Diese führte nach draußen auf eine große Wiese, auf der ein rotes Holzhaus stand. „Das sieht doch aus, wie ein typisches Schwedenhaus“, dachte Louisa.

„Hier wohne ich!“, sagte Jorunn. „Am besten setzen wir uns vor den Kamin, da ist es warm und gemütlich.“ Als sie dort alle zusammensaßen und sich ein bisschen von der langen Autofahrt und der Aufregung erholt hatten, holte Jorunn ein Fotoalbum aus dem Regal. „Na, dann will ich euch mal etwas zeigen.“ Sie deutete auf ein bestimmtes Foto und reichte das Album herum, so dass jeder einmal darauf schauen konnte. Dort war eine Frau mit langen blonden Haaren und einem freundlichen Gesichtsausdruck zu sehen.

„Wisst ihr wer das ist?“, fragte sie triumphierend und schaute in die Runde. Doch es herrschte absolute Ratlosigkeit. „Dass wir keine Ahnung haben, scheint ihr Spaß zu machen“, dachte Marie, denn Jorunn lächelte breit. „Ihr sucht doch Alva, oder nicht?“ Louisa nickte. „Ja, deshalb haben wir extra die lange Reise von Manhattan bis hierher gemacht, aber wahrscheinlich...“ „Das ist Alva!“, unterbrach Jorunn sie mit fester Stimme und deutete nochmals auf das Foto. „Wie bitte?“, fragte Louisa, als hätte sie nicht recht gehört. Jorunn sah sie an. „Alva ist die Mutter meiner Mutter und wieder deren Mutter, usw., also meine Uroma, um es genau zu sagen.“ „Ach deswegen das Schwedenpferd auf dem Brunnen?“, fragte Louisa. Doch ohne eine Antwort abzuwarten, sprang sie stattdessen auf und umarmte Jorunn vor Freude. „Das gibt es ja nicht, dann bist du ja mit uns verwandt.“ „Genau! Und das heißt auch, ihr seid den Spuren von Alva richtig gefolgt. Ich freue mich so sehr, Verwandte aus Deutschland kennenzulernen." „Na, da bin ich aber froh, dass sich die lange Reise gelohnt hat. Ich dachte schon, wir haben uns total verfahren", sagte Richard der jetzt auch sichtlich bewegt schien.

„Oh nein!", rief er dann. „Paul! Das Auto steht doch noch mitten im Wald an einem Feldweg." Dieser sprang hektisch auf. „Das hatte ich ja ganz vergessen, hoffentlich ist es noch nicht abgeschleppt worden." Jorunn schüttelte den Kopf. „Da hinten an dem alten Ausgang kommt so schnell keiner vorbei, aber es wäre trotzdem besser, wenn du es vorne am Parkplatz vor dem Haupteingang der Schule abstellst. Ich komme kurz mit und zeige dir, wo der Parkplatz ist." „Ja, das wäre sehr nett", sagte Paul, denn er hatte keine Ahnung, wie er wieder zurück zum Auto finden sollte, geschweige denn, wo der Parkplatz liegt.

„Darf ich mitkommen?", fragte Leopold. „Ja, sicher", erwiderte sie, dann kann ich dir gleich noch ein bisschen mehr von der Schule zeigen." „Oh Klasse!", rief Leopold begeistert. „Die Mädchen und ich bleiben so lange hier, dann können wir uns ein bisschen ausruhen", sagte Lisa. Jorunn nickte und deutete auf das Fotoalbum. „Schaut euch doch in der Zwischenzeit die restlichen Bilder aus dem Album an, da werdet ihr sicher noch viel mehr erfahren." Das ließ sich Louisa nicht zweimal sagen und hob das Album vom Boden auf. Sie war wahnsinnig neugierig, was von 1870 bis heute so alles passiert war. Während Louisa sich gemeinsam mit ihrer Mutter und Marie das Album ansah, ging Jorunn mit Paul, Richard und Leopold zum Auto.

Leopold wurde, während sie gemeinsam durch die zahlreichen Gänge der Schule gingen, erst bewusst, wie groß die Schule eigentlich war. „Und das hat wirklich alles Ur-Urgroßtante Alva aufgebaut?", fragte er ehrfurchtsvoll. Jorunn nickte. „Ja, zusammen mit ihrem Mann Francis. Wenn wir wieder im Haus sind, erzähle ich euch die ganze Geschichte, so wie sie mir weitergegeben wurde."

Als sie zurück waren, erzählte Lisa ihnen, dass sie noch mehr Bilder von Alva und Francis gesehen hatten. Sogar das Baby und die Anfänge vom Bau der Schule waren dort zu sehen. „Wahnsinn", sagte Louisa, „wie Alva es geschafft hatte, ihre Träume in die Tat umzusetzen. Und wie glücklich sie auf den Fotos aussieht." „Schade, dass sie euch nie kennenlernen konnte, sie hätte euch bestimmt gemocht", sagte Jorunn nachdenklich. „Aber dafür sind wir ja jetzt hier und haben dich kennengelernt", erwiderte Marie.

Paul lächelte zustimmend. „Genau, aber bevor wir jetzt zu viel Zeit verlieren, müssen wir uns noch um eine Unterkunft für heute Nacht kümmern“, sagte er mit ernster Miene. Jorunn aber winkte nur ab. „Darüber macht euch mal keine Sorgen. Die obere Etage des Hauses steht im Moment leer. Dort haben meine beiden Kinder gewohnt, aber die sind längst zum Studium nach New York gezogen.“ „Macht dir das wirklich nichts aus?“, hakte Richard hoffnungsvoll nach. „Wir sind immerhin zu sechst.“ „Nein gar nicht, mein Mann ist geschäftlich immer wieder ein paar Wochen unterwegs und ich freue mich über etwas Gesellschaft.“ Sie lächelte. „Man lernt ja nicht alle Tage die entfernte Verwandtschaft aus Deutschland kennen. Ihr könnt also gerne in der oberen Etage wohnen, so lange wie ihr möchtet.“

Richard blickte zu seinen Kindern hinüber und sah, wie Leopold über das ganze Gesicht strahlte. Auch die beiden Mädchen wirkten sichtlich erfreut, denn die Aussicht, die Zeit in Hamburg auf einem Hof mit Pferden zu verbringen, überstieg all ihre Erwartungen. „Sehr gerne, das ist wirklich nett von dir“, sagte Richard, nachdem er in die glücklichen Gesichter seiner Familie geschaut hatte. „Dann hole ich gleich noch das restliche Gepäck aus dem Auto, ein paar Taschen habe ich eben schon mitgenommen.“ Jorunn nickte. „Aber zuerst will ich noch wissen, wie ihr hergefunden habt. Dann erzähle ich euch meinen Teil von Alvas Geschichte.“

Louisa berichtete in Kurzfassung alles von Anfang an: Von der Truhe auf dem heimischen Dachboden, den darin enthaltenen Briefen und von der versteckten Schatzkarte von Ur-Urgroßtante Agnes aus Schweden und schließlich, dass sich Agnes mit ihrer Tante und ihrem Onkel auf die Suche nach ihrer Schwester Alva gemacht hatte. Sie berichtete auch, dass sie die ganzen Informationen aus den Briefen von Agnes an ihre Eltern hatten. Louisa erzählte weiter von ihrer Reise nach Frankreich und wie sie mithilfe von Hund Lotti letztendlich den Schatz, also das Tagebuch von Alva und die Münzen, gefunden hatten.

Marie ergänzte noch, dass sie erst ein paar Wochen vor den Herbstferien angefangen hätten, in Alvas Tagebuch zu blättern. Sie berichtete weiter, dass sie darin von deren Aufenthalt in Frankreich, dem Deutsch-Französischem Krieg, dem Soldaten Francis, den sie dort kennengelernt hatte und von der Flucht, um ihr gemeinsames Baby zu schützen, erfahren hatten. An dieser Stelle meldete sich jetzt Jorunn zu Wort: „Und das Baby wurde wiederum die Mutter meiner Mutter.“ „Und sie hat wirklich, so wie sie es sich vorgestellt hatte, hier an diesem Ort eine Schule gegründet?“, fragte Richard ungläubig.

Jorunn nickte. „Eigentlich hat sie vielmehr gemacht als das. Sie hat mit ihrem Mann im Jahr 1871 nicht nur diese Schule gegründet, sondern auch Kindern und Tieren eine zweite Heimat gegeben." „Wie meinst du das?", fragte Louisa, „Kindern eine Heimat gegeben?" „Sie hat Kindern ein zu Hause gegeben, deren Eltern sich nicht mehr kümmern konnten, oder wenn sie diese früh verloren hatten. Im Gegenzug haben die älteren Kinder ihr gerne auf dem Hof geholfen. Manche der Kinder schleppten dann hin und wieder ein herrenloses Tier an. Und als Alva bemerkte, welch guten Einfluss die Tiere auf das Wohlbefinden der Kinder hatten, nahm sie nach und nach immer mehr Pferde, Hunde, Hühner, Ziegen und Schafe auf."

„Es dauerte ungefähr zwei Jahre", fuhr sie fort, „bis die Schule komplett fertiggestellt war. Ihr war es wichtig, dass die Kinder frei lernen und sich auch persönlich entfalten konnten, dabei aber auch Pflichten hatten. Für die Schüler war es toll, nach dem Unterricht noch einen Ausritt auf den Pferden zu machen, die Eier der Hühner einzusammeln oder einfach nur den Stall der Ziegen zu reinigen. Auch Kinder, die hier nicht wohnten, blieben gerne länger in der Schule als sie es überhaupt gemusst hätten." „Oh, das hört sich großartig an", seufzte Louisa sehnsüchtig. „Vielleicht ziehe ich hier nach Hamburg und Marie nach New York." Ihre

Schwester lächelte in sich hinein, als Louisa das sagte, denn die Idee fand sie wunderschön.

„So kam es“, fuhr Jorunn fort, „dass mindestens ein Nachkomme jeder Generation die Schule und den Hof weitergeführt hat, bis zum heutigen Tag.“ „Oh thats awesome, genial!“, sagte Paul sichtlich beeindruckt.

Jorunn blickte auf die Uhr. „Jetzt ist es schon dunkel und spät, aber morgen zeige ich euch den ganzen Hof und die Schule.“ „Das wäre super!“, erklärte Marie. „Ich bin schon ganz gespannt. Woher kannst du eigentlich so gut Deutsch sprechen?“ „Hier in Hamburg gab es damals viele deutsche Einwanderer. Alva hat es von ihnen gelernt und so an jede Generation weitergegeben.“ „Oh ha!“, machte Marie. „Das hat aber gut funktioniert.“ „Und warum heißt die Schule *Babington-School?*“, fragte sie. „Na ganz einfach, weil Francis mit Nachnamen *Babington* hieß“, erklärte Jorunn. Marie schlug mit der flachen Hand gegen ihre Stirn: „Oh je, hätten wir den Nachnamen schon vorher gewusst, hätten wir es wesentlich einfacher bei der ganzen Suche gehabt.“

„Aber eine Sache möchte ich von euch jetzt noch wissen“, sagte Jorunn. Die Kinder schauten neugierig zu ihr hinüber. „Woher wusstet ihr, dass genau dieses eine Hamburg in New York gemeint war, wo es doch einige Städte und Orte in

Amerika gibt, die diesen Namen tragen." Marie sah sie verwirrt an. „Das heißt es gibt mehrere Hamburgs in Amerika?" Jorunn nickte. Als Richard das hörte, vergrub er seinen Kopf zwischen den Händen. „Ach du je, hätten wir das von vorneherein gewusst, wären wir mit Sicherheit nicht hierhergefahren. Das war reiner Zufall", sagte er dann. Jorunn schüttelte den Kopf und lächelte. „Oder es waren die Geister im Himmel, die ich rief." „Wie auch immer", sagte Lisa. „Unsere Kinder haben es geschafft, den richtigen Ort zu finden."

Leopold lag auf dem Teppich und gähnte, es sah fast so aus, als wenn er jeden Moment einschlafen würde. Als Richard das sah, stand er prompt auf. „Ich werde jetzt mal mit Paul zum Auto gehen, um unsere restlichen Sachen zu holen." Als sie kurze Zeit später wieder zurückkamen, waren die Kinder bereits in ihren Zimmern. „Wir haben Leopold ins Bett getragen, da er eingeschlafen ist. Die beiden Mädchen sind auch schon in ihr Zimmer gegangen", erklärte Lisa. Jorunn zeigte den drei Erwachsenen noch die restlichen Zimmer und sie verabredeten sich für 10.00 Uhr am nächsten Tag. Vorher hatte sie keine Zeit, da sie noch Schulkinder betreuen musste.

Als Jorunn am nächsten Tag vom Unterricht zurückkam, wollte sie ihre Gäste nicht wecken und machte ihnen leise summend Frühstück. Nach und nach trudelten sie alle in der Küche ein und freuten sich über die duftenden Brötchen. Kurz darauf ging Jorunn mit ihnen als erstes in die Schule. Dort erklärte sie, dass es sich bei der Schule um eine sogenannte Middle School handele. Marie und Louisa sahen sie fragend an. „Das bedeutet, dass hier Kinder von der fünften bis zur neunten Klasse unterrichtet werden. Danach wechseln sie auf eine High-School.“ Während Lisa, Richard und Paul draußen das Gelände erkundeten, zeigte Jorunn den Kindern noch einige Unterrichtsräume. Die Klassen waren alle sehr bunt gestaltet, und überall gab es Leseecken zum Ausruhen.

Sie erklärte den drei Geschwistern, dass heutzutage keine der Schülerinnen und Schüler mehr dauerhaft auf dem Hof wohnen würde. „Da haben sich die Verhältnisse zu sehr verändert. Zu Alvas Zeit und auch noch zu der Zeit ihrer Kinder war das möglich. Aber irgendwann war es dann eben nur noch eine Schule.“ „Aber dafür mitten im Wald und mit vielen Tieren“, ergänzte Leopold. „Das finde ich total schön. Bei uns im Ort, wo wir wohnen, stehen nicht mehr viele Bäume und es werden leider auch immer weniger. Schön, dass es noch Orte auf der Welt gibt, wo das anders ist.“„Ihr könnt es besser machen und die Welt zum Guten ändern“, sagte Jorunn. Louisa nickte nachdenklich.

Sie gingen auf das Gelände, wo sie auf Lisa, Richard und Paul trafen. Nachdem sie gemeinsam die Tiere von Alvas Hof besucht hatten und sich gar nicht mehr von ihnen trennen konnten, fragte Jorunn, ob sie Lust hätten, mit den Pferden einen Ausritt zu machen.

„Na klar haben wir Lust!“, sagte Marie. „Was für eine Frage!“ Jorunn gab daraufhin jedem ein Pferd und zeigte ihnen, wie man sie putzt und sattelt. Bis auf Richard und Paul waren alle schon einmal für eine längere Zeit auf einem Pferd geritten. Und das konnte man auch sehen, denn im

Gegensatz zu den anderen klammerten sich Paul und Richard ganz verängstigt am Sattel fest.

Als die Pferde dann im Wald auf einen Reitweg kamen, fingen sie plötzlich an zu galoppieren und es dauerte keine zwei Minuten, da plumpste Paul als erster vom Sattel. Richard, der einen Schrei gehört hatte, drehte sich vor Schreck um und fiel ebenfalls vom Pferd. Jorunn ritt besorgt zu ihnen zurück. „Alles gut bei euch?“ Die beiden schauten sich gegenseitig prüfend an und nickten ihr dann zu. „Schon!“, sagte Paul. „Aber ich würde gerne eine Pause machen.“ „Verstehe!“, sagte sie mit einem Schmunzeln. „Dann binden wir eure Pferde hier am Baum fest und ihr Männer könnt euch ein bisschen von dem Schrecken erholen.“ Den Vorschlag nahmen sie dankend an. Doch es wurde eine lange Zeit für sie, denn die anderen kamen erst nach zwei Stunden wieder von ihrem Ausritt zurück.

„Wir dachten schon, ihr hättet uns vergessen!“, sagte Richard vorwurfsvoll. „Es war so herrlich!“, rief Louisa ganz begeistert. „Ich möchte hier gar nicht mehr weg.“ „Leider müssen wir gleich schon aufbrechen Lulu. Wir haben noch eine lange Fahrt bis nach New York vor uns“, sagte Richard. „Können wir nicht einfach morgen fahren?“, fragte Marie. „Nein, das schaffen wir nicht, morgen geht schon unser Flug zurück nach Deutschland." „Dann bleibe ich einfach alleine hier!", maulte Leopold trotzig. „Ich auch!", rief Marie. Und Louisa stimmte ebenfalls mit ein: „Ich will hier nicht mehr weg!" Richard seufzte und Jorunn lenkte ein. „Ihr könnt mich doch wieder besuchen kommen." „Gerne!", erwiderte Marie. „Nur leider ist es ein ziemlich weiter Weg." „Und wenn wir einfach länger in Amerika bleiben?", fragte Leopold. „Das geht nicht Leo, ihr habt doch in ein paar Tagen wieder Schule", erwiderte Lisa.

„Ich habe da so eine Idee", sagte Jorunn, „aber erstmal reiten wir jetzt alle wieder nach Hause zum Hof." Sie sah kurz zu Paul und Richard, die immer noch so wenig heldenhaft neben ihren Pferden auf dem Boden saßen und musste unwillkürlich lachen. „Also wir reiten ganz langsam nach Hause und dann machen wir einen Plan, wann ihr mich bald wieder besuchen kommen könnt." Da den Geschwistern nichts anderes übrig blieb, ritten sie wieder zum Hof zurück. Richard und Paul schafften es sogar, die paar Meter nicht vom Pferd zu fallen.

Während die Erwachsenen im Wohnzimmer zusammensaßen, spielten die drei in einer Schulpause zusammen mit einigen amerikanischen Schulkindern auf dem Hof. Als Marie, Louisa und Leopold gerade bei den Ziegen auf der Weide waren, holte Lisa sie ab. „Kommt mal mit“, sagte sie, „wir haben eine Überraschung für euch!“ „Eine Überraschung?“, wiederholte Louisa und schaute erwartungsvoll zu Marie. Doch die zuckte nur ahnungslos mit den Schultern.

Zurück im Haus von Jorunn fragte Leopold ganz ungeduldig: „Was ist denn die Überraschung?“ „Na, dass wir für euch bereits alles für die Rückreise nach Manhattan gepackt haben“, erklärte Richard. Leopold verzog enttäuscht sein Gesicht. „Das ist ja wirklich toll!“, sagte er missmutig. Lisa sah ihren Mann strafend an. „Ach, Richard, jetzt sag schon.“ „Ok, wir haben besprochen, dass wir bis morgen bei Jorunn auf dem Hof bleiben. Aber unter einer Bedingung…“ „Echt jetzt?“, unterbrach Louisa ihn. Richard nickte. „Und was ist die Bedingung?“, fragte Marie skeptisch. „Das wir morgen spätestens um 9.00 Uhr hier aufbrechen, denn unser Flugzeug geht um 22.00 Uhr los, und deshalb müssen wir spätestens um 19.00 Uhr am Flughafen sein.“ „Das bekommen wir hin!“, rief Marie überglücklich. Sie drehte sich zu ihren Geschwistern um. Diese grinsten über beide Ohren. „Darf ich jetzt wieder zu den Ziegen?“, fragte Leopold voller Tatendrang. „Ja, klar!“, erwiderte seine Mutter. „Aber um 18.00 Uhr bist du spätestens zurück. Wir würden gerne mit Jorunn zusammen zu Abend essen.“ „Klaro!“, rief er und flitzte mit Marie und Louisa zur Tür hinaus.

Die Mädchen striegelten die Pferde im Stall und Leopold half Jorunn beim Füttern. Abends erzählten sie dann von ihren Bekanntschaften mit den Schulkindern und berichteten, wie glücklich diese wirkten. „Später will ich auch mal so wohnen“, sagte Louisa. Jorunn lächelte sie an. „Und vorher kommst du mich so oft besuchen, wie es geht.“ Louisa strahlte übers ganze Gesicht. „Und was ist mit mir?“, fragte Leopold, der sich ausgeschlossen fühlte als er das hörte. „Ihr seid natürlich alle eingeladen.“ „Danke!“, sagte Marie und blickte zu ihrem Onkel. „Aber ich will auch noch mal zu Paul nach New York.“ „Von mir aus gerne Marie!“, erwiderte dieser. „Wenn deine Eltern es erlauben, jederzeit, dann kannst du auf Hudson und Robert aufpassen.“ „Das mache ich!“ Später erzählte Jorunn ihnen noch einige Dinge, die sie über Alva wusste.

Es wird Zeit

Am nächsten Morgen fiel allen der Abschied sehr schwer. Sie tauschten ihre Telefonnummern und Adressen aus und nahmen sich fest vor, sich nicht aus den Augen zu verlieren, vor allem aber, sich in Zukunft einmal alle zusammen in Schweden zu treffen. Auch Paul gab Jorunn seine Adresse und Telefonnummer und bot ihr an, dass ihre beiden Kinder sich gerne jederzeit bei ihm in Manhattan melden könnten.

Sie schafften es tatsächlich punkt neun Uhr morgens loszufahren. Um 17.00 kamen sie müde von der Autofahrt in New York an. Dort packten sie in Pauls Wohnung noch ihre restlichen Sachen und ruhten sich ein bisschen aus, bevor er sie dann um halb sieben zum Flughafen fuhr.

Als sie zusammen an der Abflughalle standen, versprach Paul so bald wie möglich mit Hudson und Robert nach Deutschland zu kommen, denn so viel Zeit, wie beim letzten Mal, wollten sie nicht wieder verstreichen lassen. Richard hielt Lisa die ganze Zeit an der Hand, denn er hatte Sorge, dass sie wie beim Hinflug wieder verschwinden würde. „Gut, dass Mama so geschafft von der ganzen Reise ist, dann macht sie sich wahrscheinlich auch nicht so viele Gedanken über das Fliegen und kommt auch auf keine Dummheiten“, dachte Marie. Und tatsächlich, nachdem sie ihre Koffer im Check-in aufgegeben hatten und im Flugzeug saßen, war Lisa ganz entspannt an Richards Schulter gelehnt. Louisa, die neben ihrer Mutter saß, drehte sich zu ihrer Schwester um, die eine Sitzreihe weiter hinter ihr saß. „Guck mal!“, flüsterte sie „Mama wirkt doch auf einmal ganz gelassen.“ „Ich glaube, sie ist einfach noch zu beschäftigt mit den ganzen Dingen, die wir so erlebt haben“, erwiderte Marie nachdenklich. „Das geht mir genauso. Es ist so schön zu wissen, dass Alva ihre Träume hat verwirklichen können“, sagte Louisa. „Aber ich freue mich jetzt auch wieder, nach Hause zu kommen und Lotti auf den Arm zu nehmen.“ Marie nickte. „Das glaube ich dir gern, denn ich kann es gar nicht erwarten Lea wiederzusehen.“

Marie saß neben Leopold. Sie überließ ihm den Fensterplatz, denn er konnte es gar nicht abwarten, das hell erleuchtete New York von oben zu sehen. Louisa kuschelte sich so dicht wie nur möglich an ihre Mutter, denn sie wollte ihr in diesem Moment einfach nur ganz nah sein. Und während Louisa die kleine Freiheitsstatue, die sie in einem Touristenshop in New York gekauft hatte, fest auf dem Schoß hielt, sah sie verträumt aus dem kleinen Fenster des Flugzeuges.

Sie war einfach nur glücklich. Denn jetzt kannten sie nicht nur die Geschichte von Alva, sondern waren sogar deren Ur-Enkelin begegnet. Zudem hatten sie nicht nur ihren Onkel Paul und ihre beiden Cousins kennengelernt, sondern auch die Weltstadt New York.

Als sie es kaum noch schaffte die Augen aufzuhalten, sah sie von der Seite eine Sternschnuppe am Himmel leuchten. „Wir werden uns alle wiedersehen!“, flüsterte Louisa ganz leise. „Da bin ich mir absolut sicher!“

Imme von Wedel ist Juristin und Lektorin. Sie lebt mit ihrem Mann, ihren drei Kindern und vielen Tieren bei Aachen. Seit Jahren setzt sie sich aktiv für den Tier- und Umweltschutz ein.

Impressum

Die Kinder aus der Himmelgeister Straße
Vom Hühnerstall nach New York

ISBN 978-3-935791-70-0

Titelbild und Illustrationen:
© Sabine Marie Körfgen
https://sabinemariekoerfgen.com

Layout:
Schumacher Verlag+Agentur, Herzogenrath

Druck:
Sowa Sp. z o.o.
ul. Raszyńska 13
05-500 Piaseczno, Poland

Bibliografische Information der Deutschen Nationalbibliothek:
Die Deutsche Nationalbibliothek verzeichnet diese Publikation in der Deutschen Nationalbibliografie; detaillierte bibliografische Daten sind im Internet über http://dnb.dnb.de abrufbar.

Dieses Buch wurde auf FSC-zertifiziertem Recycling-Papier/Ecolabel gedruckt.